ELEFANTE

CONSELHO EDITORIAL
Bianca Oliveira
João Peres
Tadeu Breda

EDIÇÃO
Tadeu Breda

ASSISTÊNCIA DE EDIÇÃO
Luiza Brandino

PREPARAÇÃO
Carolina Hidalgo Castelani

REVISÃO
Laura Massunari
Mariana Brito

ILUSTRAÇÕES
breno

DIREÇÃO DE ARTE
Bianca Oliveira

DIAGRAMAÇÃO
Victor Prado

— CRISE & CRÍTICA —

Crítica do espetáculo

o pensamento radical de Guy Debord

GABRIEL FERREIRA ZACARIAS

*Para Gisela, que acompanha
minha viagem, pelo inverno e pela noite,
"parce que nous pouvons pleurer sans
ridicule et que nous savons rire"*

INTRODUÇÃO
— 13 —

PARTE I
A teoria crítica de Guy Debord

CAPÍTULO 1
Crítica da separação
— 29 —

CAPÍTULO 2
Fim da separação: o espetacular integrado
— 93 —

PARTE II
A teoria em seu tempo

CAPÍTULO 3
Guy Debord e o marxismo
— 127 —

CAPÍTULO 4
Guy Debord e o freudo-marxismo
— 181 —

EPÍLOGO
Guy Debord, atualidade radical
— 213 —

REFERÊNCIAS
— 241 —

SOBRE O AUTOR
— 251 —

COLEÇÃO CRISE & CRÍTICA
— 253 —

Introdução

Vivemos em uma sociedade do espetáculo. Improvável imaginar alguém que discorde de tal afirmação. Basta ver quantas vezes essa frase é repetida por comentaristas midiáticos ou por autores pouco interessados em criticar essa mesma sociedade. Alguns trocam um termo para fingir uma maldisfarçada originalidade — um escritor famoso de nosso continente decidiu assim falar em "civilização do espetáculo" —, enquanto outros dão o mal por resolvido e os espectadores por já emancipados. Caberia perguntar, então, se ainda ganhamos algo ao falar em sociedade do espetáculo. Ou, para dizer de modo mais acadêmico: a categoria de espetáculo reserva ainda algum valor heurístico? Pode, ademais, auxiliar na elaboração de uma apreensão crítica da realidade social? Evidentemente, se a minha resposta a essa pergunta não fosse afirmativa, não teria escrito este livro. Acredito, porém, que retomar o valor heurístico — isto é, explicativo — e o potencial crítico — isto é, negativo —, que habitaram a noção de sociedade do espetáculo em sua formulação inicial, exige um trabalho paciente e complexo. Não basta lembrar que a expressão foi cunhada por um livre-pensador francês às vésperas do levante de maio de 1968, e que inspirou a geração que tomou as ruas e bulevares da capital francesa naquela primavera. Atestar a radicalidade política de Guy Debord não garante a radicalidade teórica de seu pensamento. Pelo contrário, pode mesmo significar uma falsa pista, pois, daquilo que se concebe comumente como o espírito sessenta-oitista, pouco ou nada encontramos em *A sociedade do espetáculo*, livro de 1967, cujas reflexões estavam sendo gestadas por seu autor há pelo menos uma década.

Voltemos ao início. Quem foi Guy Debord? Resistente a epítetos, Debord foi um personagem errático que atravessou diferentes campos do saber e diferentes práticas. Pertenceu ao mundo das novas vanguardas artísticas que procuraram recuperar o legado do dadá e do surrealismo após o fim da Segunda Guerra Mundial. Depois, afastou-se da arte e lançou-se em busca da revolução. Integrou então o mundo da *ultra-gauche*, da esquerda radical, afeita ao pensamento marxista, mas avessa ao comunismo oficial. Nesse meio foi igualmente considerado uma figura estranha, não apenas porque carregava parte das aspirações das vanguardas artísticas, mas também porque formulava uma síntese pouco habitual entre pressupostos marxistas e teses libertárias. Como se não bastasse, dedicou ainda parte de sua vida ao cinema, produzindo obras referenciais para o cinema de montagem, tão notáveis quanto aquelas de Chris Marker ou Jean-Luc Godard. Recebeu ainda certo reconhecimento por seus méritos literários, sobretudo pelo manejo do estilo clássico em seus textos tardios. Mas prioritariamente foi alvo de uma "má reputação", como discutiria em seu último escrito, que acompanhou sua recusa obstinada aos reconhecimentos oficiais (Debord, 2006 [1993]).

Em um primeiro momento, a apresentação do personagem talvez sirva mais para confundir do que esclarecer. Mas é também um antegosto do estado de confusão que por vezes nos invade quando lemos sua obra, pois essa multiplicidade de talentos e referências a atravessa. Mais concretamente, conhecer o personagem serve para situar em que momento específico interveio a formulação teórica em seu percurso. Debord havia participado da fundação de um grupo de vanguarda, a Internacional Situacionista (IS), em 1957. O grupo tinha como problema fundamental encontrar um valor de uso da arte, e fazer dela um meio para a transformação da vida cotidiana. Uma vanguarda voltada menos para a produção de obras do que para a busca de práticas transformadoras de nossas relações com os outros e com o mundo. Suas práticas eram a *deriva*, experiência de redescoberta afetiva do tecido urbano, e a *situação construída* — de onde vinha o nome do grupo —, proposta de uso concomitante de meios artísticos para a criação de uma experiência qualitativamente rica e deliberadamente construída. Mas a vontade de produzir práticas e experiências transformadoras esbarrava em um ordenamento social que lhes era antagônico. Para que as aspirações situacionistas se tornassem reais, perceberam Debord e seus companheiros, era necessário primeiro mudar a sociedade. A vida situacionista era impossível sob as limitações empobrecedoras do capitalismo; ficaria reservada para depois da revolução. Todavia, os situacionistas perceberam também que, para mudar a sociedade, era preciso antes compreendê-la.

A IS voltou-se assim para o estudo da sociedade, no anseio de formular uma teoria crítica capaz de fomentar uma nova forma de ação transformadora. Deu particular atenção aos fenômenos prementes de sua época, como a rebeldia da juventude, a revolta das populações negras e as lutas anticoloniais, ao mesmo tempo que buscou resgatar elementos-chave do pensamento de Marx e de alguns de seus leitores. A virada fundamental ocorreu na entrada da década de 1960, quando os artistas se afastaram ou foram excluídos da IS, e o grupo firmou oficialmente nova rota. Nesse momento, Debord se aproximou de Henri Lefebvre e passou a frequentar o grupo Socialismo ou Barbárie. Também por essa época encontrou em György Lukács uma chave de leitura da teoria marxiana que marcaria profundamente suas próprias concepções. No ano de 1963, Debord iniciou o trabalho de preparação de *A sociedade do espetáculo*, que viria finalmente à luz no final de 1967.

O primeiro objetivo aqui será analisar os pontos centrais dessa teoria, de difícil compreensão. Ao contrário do que pode sugerir seu título, a teoria de Debord não tem por objeto um estudo da mídia ou da indústria cultural. Devidamente intitulada *sociedade* do espetáculo, o intuito da obra é compreender o espetáculo enquanto fenômeno social total, isto é, enquanto articulado à totalidade social. Isso implica um constante movimento entre o geral e o particular, segundo uma forma de pensamento eminentemente dialético, que demanda um raciocínio movente também da parte do leitor. Grande parte das más interpretações e dos usos inconsistentes dessa teoria advém da incompreensão desse movimento, resultando na insistência em aspectos estanques artificialmente isolados da perspectiva ampla proposta pelo autor.

A publicação de *A sociedade do espetáculo* marcou, de certo modo, a conclusão de um processo na experiência intelectual de Guy Debord. Estudando a documentação contida em seus arquivos pessoais, hoje conservados na Biblioteca Nacional da França, vemos como o período entre 1960 e 1967 foi de intenso estudo por parte do autor, que buscava, na leitura do pensamento crítico existente, instrumentos para a construção de sua própria teoria. Esse processo se arrefeceu na sequência. Na década seguinte, Debord retornou à prática cinematográfica. Se já havia realizado dois curtas-metragens em 1959 e 1961, passaria a realizar, então, dois longas-metragens, em 1973 e 1978, sendo o primeiro a adaptação cinematográfica de *A sociedade do espetáculo*. Foi somente em 1988 que o autor retomou sua teoria. No livro *Comentários sobre a sociedade do espetáculo*, ele analisou as mudanças fundamentais ocorridas nos vinte anos que se sucederam ao Maio de 1968. Partiu, portanto, da percepção da derrota, da incapacidade do movimento de Maio de revolucionar a sociedade, e procurou entender as razões e consequências da prolongada dominação espetacular. *Comentários* traz, assim, elementos centrais para uma atualização da teoria do espetáculo, e será objeto de estudo atento neste livro.

O leitor poderia questionar a ausência de referências mais aprofundadas em relação ao período vanguardista de Debord, sobretudo à sua produção cinematográfica. Afinal, ele não realizou uma versão cinematográfica de *A sociedade do espetáculo*? Isso deveria significar que, em sua concepção, não havia contradição ou mesmo separação entre essas duas atividades, a teórica e a artística. De fato, não havia. Como pude observar estudando a documentação de seus arquivos, o pensamento de Debord frequentemente entrelaçava os dois âmbitos. Era possível que pensasse em uma sequência cinematográfica ao ler Marcuse, ou que citasse Hegel ao montar um filme. E, apesar disso, raros são os comentadores de sua obra que se aventuram a falar tanto de um aspecto quanto de outro de sua produção, ou, ao menos, com igual profundidade. Em meus estudos sobre o autor, sempre procurei abarcar a totalidade de sua obra, oferecendo interesse de igual peso a cada um de seus âmbitos, precisamente por acreditar que, pensadas de forma complementar, essas atividades ficariam mais compreensíveis.

Embora não tenha mudado de opinião, decidi separar em dois volumes a publicação de minhas pesquisas sobre Guy Debord, aceitando, não sem certa contrariedade, a separação habitual entre as produções teórica e estética. Achei que isso se fazia necessário por algumas razões que cumpre explicitar. Primeiramente, cada esfera disciplinar possui suas próprias referências que não são evidentes para o leitor, e que exigem por vezes paralelos e explicações. Para entender a teoria de Debord, é necessário retornar a Hegel e a Marx, assim como para entender a arte de Debord é necessário retornar ao dadá e ao surrealismo. O contexto histórico de Debord é fundamental para a compreensão de sua formação intelectual, e esse contexto também se desdobra em diálogos distintos. Novamente, para entender sua teoria convém evocar Lefebvre ou Marcuse, assim como para compreender sua arte é preciso falar das neovanguardas ou do cinema experimental de seu tempo. Essa movimentação histórica para trás e para os lados não é simples e pode se tornar demasiado longa se não for feita com cuidado. Sua dificuldade provém também do fato de ter sido Debord um dos raros personagens a cruzar constantemente as fronteiras que separavam esses domínios. Pressenti, portanto, o risco de um livro demasiadamente extenso e descentrado, que arriscaria afastar o leitor ao invés de aproximá-lo. Por isso, tomei a decisão de publicar dois volumes em separado. Um leitor particularmente interessado na teoria do espetáculo é, muito provavelmente, alguém interessado em discussões teóricas e não tem a obrigação de tornar-se um especialista em história do cinema. O mesmo vale, inversamente, para aqueles que buscam em Debord as ideias inspiradoras da deriva e da situação construída, e que, nem por isso, pretendem se tornar versados em marxismos. Em suma, o leitor de Debord não é obrigado a ser Guy Debord. Reconhecendo isso, consenti à necessidade da separação disciplinar. Mantenho, todavia, o aviso de que, embora separados, esses volumes são complementares. E para aqueles que ousarem se aventurar além das fronteiras que dividem de maneira habitual os saberes, a leitura de ambos os volumes pode proporcionar uma compreensão qualitativamente diferente da radicalidade de Guy Debord.

O presente volume é dividido em duas partes. A primeira é dedicada ao estudo da teoria crítica de Guy Debord, comumente chamada de teoria do espetáculo. No primeiro capítulo, "Crítica da separação", tratarei sobretudo do livro *A sociedade do espetáculo*, de 1967, no qual essa teoria foi originalmente formulada. Procurarei abordar seus principais conceitos, tornando-os compreensíveis por meio de um diálogo com a tradição na qual se insere, a saber: a da crítica da alienação fundada em Hegel e desdobrada por Marx. Se Marx havia operado uma inversão fundamental da dialética hegeliana, removendo-a da especulação metafísica e transportando-a para a análise materialista, Debord, por sua vez, realizou uma atualização significativa da teoria de Marx, identificando a subsunção da vida cotidiana à lógica do fetichismo da mercadoria. Por essa razão, retornou aos escritos de György Lukács, que, décadas antes, havia alargado o conceito de fetichismo, tornando-o base da teoria da reificação. Mas o mundo a partir do qual e sobre o qual fala Debord era já bastante distinto daquele observado pelos filósofos que o precederam. Tratava-se agora de um mundo no qual as imagens ganhavam uma profusão e uma proeminência jamais vistas na mediação dos processos sociais. Debord estabeleceu assim a ponte entre a transformação no mundo dos objetos, ocorrida com o advento da industrialização — a imensa acumulação de coisas notada por Marx —, e as transformações de sua época, com o advento das técnicas de reprodução de imagens e a constituição de uma indústria cultural — a imensa acumulação de espetáculos, como dirá Debord. Se os objetos haviam se transmutado em mercadorias, agora as imagens haviam se transmutado em espetáculos — tanto o mundo objetivo quanto sua representação sendo subsumidos à lógica fetichista. A alienação atingia seu patamar mais alto, a separação do sujeito e seu mundo sendo consumada. Não apenas perda do produto do trabalho, mas perda dos meios mais elementares de experiência e de representação do vivido. Perda, em última instância, de seu próprio tempo.

A separação da qual falava Debord à época em que escreveu sua obra teórica era compreendida por ele sobretudo como um afastamento entre o vivido e a representação. Aquilo que era experimentado pelos indivíduos como atividade concreta — notadamente a experiência do trabalho, que ocupava a maior parte do tempo de vida ativa e que, de acordo com a tradição marxista, era uma atividade intrinsecamente alienada — era profundamente distinto de tudo que lhes era oferecido enquanto consumo de imagens e de entretenimento. Ao mesmo tempo, os meios para representar as experiências individuais eram inexistentes, dada a concentração dos meios de produção e difusão de imagens nas mãos de grandes conglomerados da indústria cultural. Vista com cinquenta anos de distância, essa discrepância não pode mais ser identificada exatamente da mesma maneira. Afinal, os dispositivos que permitem representar de forma imagética as experiências particulares estão hoje amplamente acessíveis, ocupando parte importante do tempo ativo da vida dos indivíduos, aquela parte, aliás, percebida por eles como mais premente e, ao menos em aparência, mais prazerosa. É comum ver comentadores das mídias, que fazem uso superficial da obra de Debord, servindo-se das teses de 1967 para tratar de fenômenos contemporâneos como se nada tivesse mudado na organização social desde então, o que é decerto um equívoco. No entanto, as transformações empíricas ocorridas nos últimos cinquenta anos não implicam a caducidade da teoria do espetáculo, justamente porque ela se volta para as raízes profundas dos fenômenos perceptíveis, e não para suas manifestações superficiais. Qual é, afinal, a justa medida entre essas duas posições antagônicas? É necessário buscar identificar pacientemente quais foram as mudanças relevantes e quais são as permanências de fundo. O próprio autor auxilia nessa tarefa, pois ele mesmo realizou esse tipo de reflexão quando voltou à sua teoria vinte anos mais tarde.

O segundo capítulo da primeira parte será, portanto, dedicado ao estudo de *Comentários sobre a sociedade do espetáculo*, publicado em 1988. Muito menos lembrado do que a obra de 1967, por vezes desdenhado como insuficientemente dialético ou até mesmo paranoico, o livro é, acredito, fundamental para compreender os desdobramentos da sociedade do espetáculo. Ajuda a entender como o próprio Debord compreendeu a transformação de sua época, como desdobrou sua teoria em consequência das mudanças que observou. E, mais do que isso, a obra constitui uma mediação necessária para aproximarmos a teoria de Debord da contemporaneidade. Como procurarei demonstrar, muitos dos fenômenos contemporâneos hoje em debate adquirem outra forma de compreensão se aceitarmos as pistas fornecidas por Debord em *Comentários*. Se é impossível negar que vivemos ainda — e cada vez mais — em uma sociedade do espetáculo, é necessário compreender, porém, que o problema da separação da representação não se coloca mais do exato mesmo modo como há cinquenta anos. O conceito de *espetacular integrado*, formulado por Debord no final dos anos 1980, pode ser de grande serventia para entendermos com mais clareza em que situação nos encontramos hoje.

A segunda parte do livro seguirá um caminho um pouco distinto da primeira: menos uma reflexão teórica, e mais um estudo propriamente histórico do pensamento de Debord. Procurarei elucidar a relação que estabeleceu com o contexto intelectual de sua época, em especial com o marxismo então vigente. Embora algumas dessas relações já sejam conhecidas, e mesmo parcialmente comentadas, elas adquirem aqui outra concretude, pois baseiam-se no estudo dos arquivos do autor. Por anos, examinei os arquivos de Guy Debord. Ali, são conservadas suas fichas de leitura, que permitem reconstruir, ao menos em parte, sua formação intelectual e os diálogos que estabeleceu com o pensamento de outros autores, fato tanto mais relevante se levarmos em consideração que a postura situacionista, amplamente combativa, consistia em apenas mencionar autores quando eles pareciam merecedores de impropérios. Isso tornou sempre difícil identificar de maneira clara com quais conjuntos de ideias os situacionistas dialogavam. Os arquivos de Debord fornecem amplo material para analisar contextualmente seu pensamento, suas predileções intelectuais, suas recusas. Embora tenha trabalhado extensamente com essa documentação, preferi utilizá-la com parcimônia. Um estudo excessivamente filológico correria o risco de nos afastar do pensamento do autor, tornando-o prisioneiro de outro tempo. O pensamento de Debord dialogou com autores de sua época que hoje parecem datados. Entretanto, se continuamos a falar em Debord, e não de outros pensadores que lhe foram contemporâneos, é porque algo em suas ideias ainda parece profundamente atual. Aproximá-lo em demasia das ideias de seu tempo poderia afastar-nos daquilo que, em seu pensamento, ainda nos convoca, que apela à nossa própria historicidade. Ao mesmo tempo, a historicidade do autor não deve ser ignorada. E reconhecer os laços contextuais de suas reflexões pode ser a melhor maneira de diferenciar os aspectos de sua teoria que pertencem a um tempo passado daqueles que ainda são atuais.

Foi por essas razões que optei por essa estrutura bipartida. Na primeira parte, procuro compreender a teoria do autor, com maior atenção conceitual e com momentos de reflexão sobre sua atualidade, sem me preocupar tanto com questões filológicas ou contextuais. Na segunda parte, passo ao estudo do contexto e me apoio na documentação inédita dos arquivos do autor para trazer uma nova compreensão da relação entre Debord e o marxismo de sua época.

Algumas reflexões mais livres e em diálogo com autores recentes serão apresentadas ao final, à guisa de conclusão, no intuito de explicitar quais aspectos do pensamento de Debord ainda atingem o presente com plena radicalidade.

—

Este livro é resultado de anos de pesquisa e de atividade docente, e carrega marcas de momentos e lugares diversos. Sua forma de elaboração foi auxiliada pela experiência de ensino universitário, na Universidade de Perpignan e na Universidade Estadual de Campinas (Unicamp), e pela tentativa de apresentar Debord a públicos diversos, em palestras e cursos livres. Já seu conteúdo recolhe parte significativa de minhas pesquisas de doutorado e de pós-doutorado, desenvolvidas sobretudo na França, com visitas diárias ao Fundo Guy Debord, da Biblioteca Nacional francesa.[1] Adiciona-se ainda um período recente como pesquisador visitante na Universidade Yale,

---

[1] Os capítulos dedicados ao freudo-marxismo já haviam sido publicados na forma de dois artigos independentes. O capítulo sobre a relação de Debord e Herbert Marcuse foi publicado pela primeira vez na França, na revista *Illusio*, no dossiê Pensée critique de la crise, em outubro de 2014. Uma segunda versão, em português e com poucas alterações, foi publicada em *Dissonância: Revista de Teoria Crítica*, v. 2, n. 1, p. 215-38, 2019 (dossiê Teoria Crítica e Marcuse).

cuja Beinecke Rare Book & Manuscript Library [Biblioteca Beinecke de livros raros e manuscritos] também hospeda importantes documentos situacionistas. É necessário reconhecer o apoio das instituições que financiaram, em diferentes etapas, esse longo percurso de pesquisa. Foram elas: a bolsa internacional do programa Erasmus Mundus, da União Europeia, que financiou minhas pesquisas de mestrado e doutorado na Itália e na França; a bolsa de pós-doutorado da Fundação de Amparo à Pesquisa do Estado de São Paulo (Fapesp) e sua complementar Bolsa de Estágio de Pesquisa no Exterior, que financiou as pesquisas de pós-doutorado, permitindo um novo período de estudos na França; e, mais recentemente, a *visiting fellowship* da Beinecke Library, que custeou meu último estágio de pesquisas envolvendo as coleções situacionistas dessa instituição. Cabe agradecer aqui aqueles que me acompanharam em cada uma das instituições que me receberam nesses diferentes períodos, notadamente: Jonathan Pollock (Universidade de Perpignan), Ricardo Musse (Universidade de São Paulo), Michael Löwy (Centre national de la recherche scientifique/ École des hautes études en sciences sociales) e Kevin Repp (Universidade Yale). Agradeço também aos diligentes funcionários da Beinecke Library e da Biblioteca Nacional da França — responsáveis também por um intenso trabalho de publicação, sob os auspícios de Laurence Le Bras, com o qual pude também contribuir.[2] Soma-se ainda o auxílio para publicação do Programa de Excelência Acadêmica da Coordenação de Aperfeiçoamento de Pessoal de Nível Superior (Capes), concedido pelo Programa de Pós-Graduação em História do

---

O capítulo dedicado à leitura de Joseph Gabel foi publicado em *Manuscrítica: Revista de Crítica Genética*, n. 39, p. 21-8, 2019 (dossiê Gênese do Conceito).
[2] Penso notadamente na publicação de textos inéditos de Guy Debord, primeiramente com o volume *Lire Debord* [Ler Debord] (Le Bras & Guy, 2016), e, em seguida, na série La librairie de Guy Debord, cujo segundo volume tive o prazer de posfaciar (Debord, 2019).

Instituto de Filosofia e Ciências Humanas (IFCH), da Unicamp, que ajudou a tornar este livro possível.

Os períodos no exterior permitiram também conhecer antigos situacionistas e pessoas próximas a Debord, o que por vezes trouxe alguns esclarecimentos suplementares à pesquisa. Noto aqui o contato com Alice Debord, os encontros fortuitos com Christian Sebastiani (no balcão do Bougainville), a hospitalidade nova-iorquina de Donald Nicholson-Smith e o apoio de T. J. Clark. Ressalto também a importância de pesquisadores, colegas e amigos com os quais a constante troca sobre Debord e a IS ao longo dos anos foi particularmente enriquecedora. Tive a sorte de conviver e partilhar ideias com aqueles que produziram os melhores escritos sobre o tema nos últimos anos: Patrick Marcolini, na França, Tom Bunyard, na Inglaterra, Monica Dall'Asta, na Itália. Com Anselm Jappe, autor de escritos incontornáveis sobre Guy Debord (além de perspicaz crítico da sociedade contemporânea), a amizade e a interlocução foram constantes (e divertidamente plurilíngues). Com Alastair Hemmens, por fim, as trocas desdobraram-se em uma parceria profícua,[3] que se fez acompanhar de uma amizade duradoura.

---

[3] Em 2020, Hemmens e eu publicamos *The Situationist International: A Critical Handbook* [Internacional Situacionista: um manual crítico], obra que congrega um amplo número de colaboradores, constituindo a mais completa antologia sobre o grupo de Guy Debord.

PARTE I

A teoria crítica de Guy Debord

— CAPÍTULO 1 —
Crítica da separação

DIFERENCIANDO CONCEITOS: APARÊNCIA, IMAGEM, REPRESENTAÇÃO E ESPETÁCULO

Com uma escrita condensada em teses, *A sociedade do espetáculo* é um livro de difícil compreensão, que exige normalmente leituras sucessivas para que seus sentidos se tornem mais apreensíveis. A própria ausência de uma definição clara e resoluta de seu principal termo, o conceito de espetáculo, é disso um ótimo exemplo. Essa ausência se torna ainda mais problemática quando o leitor se vê confrontado com uma série de termos aparentados. Afinal, o que diferencia o conceito de espetáculo de termos afins como aparência, representação ou imagem? Podemos pressupor, porém, que se Debord optou por falar em sociedade do espetáculo, e não em sociedade da aparência ou sociedade da imagem, é porque esses termos não são simples sinônimos. Tentarei delinear aqui algumas diferenças entre esses conceitos, com o intuito de facilitar o restante deste estudo. Não obstante, não podemos perder de vista que o pensamento de Debord não é estático. Inspirado na tradição de Hegel e Marx, Debord constrói um texto em movimento, um pensamento dialético que se desloca com frequência entre o geral e o particular.[4]

---

[4] A necessidade de reconhecer a marca da filosofia hegeliana no texto de Debord, também em sua dimensão formal, e de compreender, em consequência, os diferentes níveis da concepção do espetáculo é uma questão igualmente

Vejamos como isso se dá, primeiramente, com o conceito de aparência. Noção de peso na tradição filosófica ocidental, o conceito pode figurar no texto de Debord como na clássica oposição valorativa entre aparência e essência; ou em seu sentido fenomenológico, de manifestação aparente do mundo objetivo perante a consciência do sujeito cognitivo. Mas pode se referir também ao conjunto de representações materialmente produzidas na esfera separada do espetáculo. Não se trata de imprecisão conceitual, mas da tentativa de abarcar um fenômeno complexo movendo-se do particular ao geral, do empírico ao conceitual. Há, todavia, uma confusão que se insinua e que diz respeito, em última instância, a um confronto entre filosofia e história. Acontece que a filosofia ocidental trabalhou frequentemente com as noções de imagem e de aparência como categorias conceituais atinentes ao processo de desvelamento do mundo pelo sujeito do conhecimento. De René Descartes a Immanuel Kant, consolidaram-se os preceitos de uma filosofia da consciência. Daí resulta a concepção segundo a qual o sujeito não teria acesso aos dados irredutíveis, mas apenas à manifestação aparente do mundo objetivo. Para a filosofia especulativa, conhecemos o mundo pela mediação da imagem dos objetos, de como eles aparecem em nossa consciência. Mas, o que fazemos desses preceitos filosóficos quando estamos diante de um mundo composto por imagens materialmente produzidas? O que dizer da filosofia especulativa quando a experiência sensível passa a ser mediada por ima-

---

sublinhada por Tom Bunyard (2018). Partilho muitos pontos comuns com as análises de Bunyard em seu ótimo estudo sobre a relação de Debord com a tradição hegeliano-marxista. No que diz respeito especificamente ao estilo hegeliano, pode ser interessante ter em mente a proposta de Adorno que, no ensaio "Skoteinos, or How to Read Hegel" [Skoteinos, ou como ler Hegel], defende a "obscuridade" do estilo hegeliano como parte de sua busca pela verdade, em oposição aos ditames da "clareza" cartesiana (Adorno, 1993, p. 89-140).

gens que são igualmente parte do mundo sensível? Esse problema é enunciado na tese 19 de *A sociedade do espetáculo*:

> O espetáculo é o herdeiro de toda a fraqueza do projeto filosófico ocidental que foi uma compreensão da atividade dominada pelas categorias do ver; da mesma forma que ele se baseia no incessante desdobramento da precisa racionalidade técnica que decorreu desse pensamento. Ele não realiza a filosofia, filosofiza a realidade. É a vida concreta de todos que se degradou em universo especulativo. (SdE, §19)[5]

Assim como os teóricos da Escola de Frankfurt, Debord nota aqui o desprendimento de uma racionalidade técnica que transforma a natureza, mas trai as aspirações emancipatórias prometidas pela razão ocidental. O situacionista tem, porém, uma percepção particular das consequências desse processo. Nota como a transformação do mundo se dá no mesmo sentido que se dava o processo cognitivo, criando um universo especulativo real. O que a sociedade do espetáculo realiza é a existência efetiva de um conjunto de fenômenos aparentes que se torna a mediação necessária de acesso ao mundo objetivo. Se antes achávamos que para conhecer o mundo precisávamos das imagens recompostas perante o olho da consciência, agora essas imagens são industrialmente produzidas e difundidas. O conjunto dos fenômenos aparentes é oferecido diretamente aos olhos dos espectadores, cuja experiência do mundo sensível é agora especulativa.

É preciso, portanto, afastar a ideia de um Debord metafísico ou platônico. Não é seu discurso que é metafísico, e sim o mundo que ele descreve que se tornou metafísico. Essa confusa concomitância do sensível e do suprassensível, que

---

[5] As citações de *A sociedade do espetáculo* (1967) estão referenciadas pela abreviação SdE, acompanhada do número da tese correspondente, independentemente da edição utilizada. [N.E.]

Marx já identificara na mercadoria, torna-se a característica central das imagens espetaculares. Se Debord pode denunciar a falsidade do espetáculo, não é em nome de uma verdade platônica ideal. Pelo contrário, é o mundo das ideias que desceu à terra e se materializou. É precisamente o mundo das ideias que ele quer denunciar, no seu intuito de confundir-se com o mundo sensível: "[no espetáculo] o mundo sensível é substituído por uma seleção de imagens que existe acima dele, e que ao mesmo tempo se fez reconhecer como o sensível por excelência" (SdE, §36).

De maneira análoga, podemos tentar compreender o sentido que o conceito de imagem pode ter na teoria de Debord. Ele é certamente mais específico que outras noções vizinhas. Ao contrário do conceito de aparência, o de imagem já remete tradicionalmente à materialidade, à representação sobre um suporte. Não é possível, portanto, imputar à imagem o mesmo deslocamento que identificamos para a aparência — que sempre remeteu a uma realidade especulativa e sem substância. O caminho para entender a especificidade da imagem na sociedade do espetáculo pode ser buscado por outra via, a saber: em sua analogia com a mercadoria.

A imagem na sociedade do espetáculo está para a mercadoria na sociedade capitalista. O que a mercadoria é em relação ao objeto, é a imagem espetacular em relação à imagem em sentido tradicional. A mercadoria é um objeto, mas não é um objeto qualquer, e sim um tipo específico que se apresenta sob uma forma historicamente determinada — por isso Marx fala em forma-mercadoria. Trata-se de um objeto que não é mais concebido apenas por suas dimensões concretas, mas que é determinado agora por sua dimensão abstrata — em outros termos, tem seu valor de uso subjugado por seu valor de troca.

De forma análoga, a imagem pode ser compreendida como simples representação de um objeto, cujos modos e técnicas variam social e historicamente. Mas a imagem espetacular é um tipo específico de imagem, que também se apresenta sob uma forma historicamente determinada — e aqui, em analogia a Marx, poderíamos falar de uma *forma-espetáculo* da imagem. Essa imagem também aparece dotada de algo que ultrapassa suas funções representativas ou rituais — que poderíamos chamar de seu valor de uso — e se apresenta agora igualmente habitada por uma fantasmagoria, imbuída de um "caráter fetichista", resultante da incompreensibilidade dos processos sociais. Essa imagem também está submetida à lógica da mercadoria, isto é, a lógica da equivalência. Não é mais imagem de algo ou para algo, mas uma simples imagem que pode ser trocada, substituída por qualquer outra.

Podemos pensar, de modo semelhante, sobre o conceito de representação. O termo pode figurar no texto de Debord em sua acepção habitual, de uma reapresentação de algo. A representação de um objeto pode se dar na consciência do sujeito como manifestação aparente de um objeto presente ou rememoração de um objeto ausente, ou pode se dar na exterioridade, no suporte da imagem. Não é à toa que Debord associa comumente a arte à memória, pois as imagens artísticas são representações materiais de objetos, assemelhando-se, portanto, a manifestações exteriorizadas da memória do artista. Há, porém, uma acepção específica da representação para a sociedade do espetáculo, aquilo que Debord chama de "representação independente". É com esse sentido que o termo figura na primeira tese do livro: "tudo o que era diretamente vivido afastou-se em uma representação" (SdE, §1). Nesse caso, a representação perdeu qualquer vínculo com o vivido, e os objetos que representa não remetem mais à experiência do sujeito, passada ou presente.

Assim, todos esses conceitos — imagem, aparência e representação — devem ser compreendidos em um novo sentido quando subsumidos à forma-espetáculo. Já o conceito de espetáculo, diferentemente dos demais, e ao contrário do que normalmente se crê, não se limita ao âmbito do visível. Trata-se de um conceito totalizante que "unifica e explica uma grande diversidade de fenômenos aparentes" (SdE, §10). Ao mesmo tempo que é generalidade, possui diversas "formas particulares" — como "informação ou propaganda, publicidade ou consumo direto de divertimentos" (SdE, §6). É também por isso que, ao início do livro, Debord pode falar em "acumulação de espetáculos" (SdE, §1). Esse recurso à lógica hegeliana, de movimento dialético entre o particular e o universal, permite a Debord forjar um único conceito que possa dar conta do movimento social em sua amplitude — compreendendo-se aqui um tempo histórico diacrônico que remonta às transformações sociais advindas da modernidade capitalista —, ao passo que designa os fenômenos empíricos que caracterizam sua época — e podemos pensar notadamente, em chave sincrônica, no aparecimento dos meios de comunicação de massa.

Esse movimento permite igualmente caracterizar o funcionamento ideológico do espetáculo, sua pretensão a universalizar o que é apenas particular. Assim, por exemplo: "O espetáculo se apresenta, ao mesmo tempo, como a própria sociedade, como uma parte da sociedade, e como *instrumento de unificação*" (SdE, §3). As duas últimas caracterizações expressas nessa frase apontam para o caráter propriamente empírico do espetáculo. "Como parte da sociedade, ele é intencionalmente o setor que concentra todo olhar e toda consciência" (SdE, §3). Em outros termos, trata-se aqui da parte da sociedade que detém os meios de representação, isto é, a classe dominante. Debord continua: "Do próprio fato desse setor ser *separado*, ele é o lugar do olhar iludido e da falsa consciência; e a unificação que ele realiza não é nada além da linguagem oficial da separação generalizada" (SdE, §3). O espetáculo é caracterizado, portanto, em sua função ideológica. Mas é preciso prestar atenção para compreender em que consiste sua dimensão ideológica. Não se trata aqui de denunciar piamente a grande mídia como veiculadora de mentiras; trata-se de compreender seu funcionamento com relação à totalidade social. Se o espetáculo é ideologia, o é porque nele vemos uma representação particular que se pretende universal. É a visão de mundo de uma classe específica que pretende se impor como visão geral. Esse sempre foi o funcionamento da ideologia, que agora, em vez de veiculada em simples ideias, apresenta-se materializada em imagens reais difundidas em escala geral para toda a sociedade. Por isso Debord pode afirmar que o espetáculo é uma "*Weltanschauung* efetivada, materialmente traduzida" (SdE, §5). E também por isso o caracteriza como "instrumento de unificação" — já que essas imagens são consumidas em escala ampla —, mas unificação que reafirma a separação — "reúne o separado, mas enquanto separado" (SdE, §29) —, pois o consumo ocular que transcende as experiências particulares não desfaz a efetiva divisão da sociedade em classes.

CRÍTICA DA SEPARAÇÃO

É comum que uma tradução não seja inteiramente fiel aos dizeres originais de um autor. A tradução brasileira de *A sociedade do espetáculo* não é diferente, e traz uma imprecisão logo na primeira tese do livro. Onde se lê que "tudo o que era diretamente vivido tornou-se uma representação", deveríamos ler, na verdade, "tudo o que era diretamente vivido afastou-se em uma representação". Minha intenção aqui não é discutir minúcias da linguagem, mas usar esse exemplo para ressaltar um ponto central da teoria de Debord. Entre os verbos afastar-se (*s'éloigner*) e tornar-se (*devenir*) há uma diferença clara, que implica uma escolha conceitual importante. O movimento fundamental que Debord quer sublinhar é a separação crescente entre as esferas do vivido e da representação. O que lhe permite falar em sociedade do espetáculo é precisamente essa distância que se insinua entre uma experiência efetiva, que não encontra meios de simbolização, e uma representação consumível, que não emana de nenhum vivido concreto. Ganha proeminência então o conceito de separação, já presente na obra de Guy Debord, desde a realização de seu segundo curta-metragem, intitulado *Critique de la séparation* [Crítica da separação], de 1961. A centralidade do conceito para a compreensão da teoria do espetáculo torna-se evidente na tese 25, quando Debord escreve: "A separação é o alfa e o ômega do espetáculo" (SdE, §25).

A presença do conceito no pensamento de Debord encontra sua raiz na filosofia de Hegel, que lhe permite compreender a modernidade pela "perda da unidade do mundo", "a expansão gigantesca do espetáculo moderno exprim[indo] a totalidade dessa perda" (SdE, §29). Mas Debord lê Hegel por meio de Marx, e situa a perda da unidade não mais pelo argumento especulativo, mas por uma argumentação sociológica. A separação teria sua origem na divisão social do trabalho, aponta o autor no pequeno desenvolvimento histórico que apresenta do avanço da separação. Daí decorreria a estruturação do sagrado, compreendido como esfera de unificação contemplativa compensatória da fragmentação social. Nas sociedades unificadas pelo mito, "o sagrado justificou o ordenamento cósmico e ontológico que correspondia aos interesses dos senhores" (SdE, §25). Não obstante, apesar de ocultar uma relação de dominação, servia para compensar uma pobreza social real ainda sentida de maneira unitária. Debord pensa aqui na precariedade material das sociedades pré-modernas nas quais a carestia ameaçava ainda a sobrevivência. Ali, o sagrado trazia a promessa de uma abundância inatingível na vida real, isto é, refletia os limites materiais da sociedade por meio de uma imagem embelezada do mundo. Com o avanço da dominação da natureza, as sociedades ocidentais teriam superado o estado de penúria material, e, portanto, o sagrado perderia sua função. Mas Debord vê no espetáculo moderno a constituição de um "pseudossagrado", cuja função compensatória e unificadora é agora feita de maneira invertida: "o espetáculo moderno exprime ao contrário o que a sociedade pode fazer, mas nesse exprimir o permitido opõe-se absolutamente ao possível" (SdE, §25). O autor escreve no momento de um acelerado processo de industrialização, cujo resultado é uma grande abundância material, louvada cotidianamente pelo espetáculo na propaganda de novas mercadorias e no alarido de novas invenções. A disputa geopolítica se dava pela corrida espacial e armamentista. A carestia parecia uma longínqua lembrança ruim, ausente do novo horizonte de expectativas, enquanto as potencialidades das novas tecnologias pareciam ilimitadas. O acesso aos frutos do progresso material permanecia, todavia, restrito e conhecido apenas pela mediação das imagens. A função de unificação pela contemplação, já presente no sagrado, reaparecia aqui no espetáculo moderno, justificando mais uma vez uma divisão social real e uma hierarquia de dominação, apesar das mudanças nas condições materiais da existência que resultavam do avanço civilizacional. Esse descompasso identificado entre as novas potencialidades geradas pela técnica e a manutenção de uma organização social arcaica reaparecerá de diversas formas no texto de Debord. A centralidade da crítica da separação manifesta-se aqui pelo fato de que a resolução dessa contradição — que, como poderemos ver, é uma contradição entre as promessas e os frutos reais do esclarecimento — só é possível pela reversão da separação, ou melhor, pela reconciliação do separado: "Toda comunidade e todo senso crítico se dissolveram nesse movimento, ao longo do qual as forças, que puderam se desenvolver ao se separar, não puderam ainda se reencontrar" (SdE, §25). Há, pois, a compreensão de que a separação foi necessária para o desenvolvimento das forças sociais, mas esse processo deveria chegar a termo seguindo-se os moldes hegelianos de uma resolução dialética.

A SEPARAÇÃO DA CULTURA

Talvez o melhor meio para compreender de que maneira Debord se apropria do pensamento de Hegel e qual a importância do conceito de separação em sua teoria seja analisar o conceito de cultura que o autor elabora no oitavo capítulo de *A sociedade do espetáculo*, intitulado "A negação e o consumo na cultura".

Para Debord, a cultura é um produto das "sociedades históricas", isto é, aquelas que romperam com a "unidade do mito". Trata-se de um diagnóstico amplamente partilhado, segundo o qual a cultura, como esfera autônoma, é um produto específico da modernidade. A noção de cultura empregada por Debord é, na verdade, profundamente caudatária da acepção que tem Hegel da modernidade como sociedade marcada pela separação das esferas previamente unificadas. Em um escrito de juventude, conhecido como *Differenzschrift* (ou *Diferença entre os sistemas filosóficos de Fichte e de Schelling*), de 1801, o filósofo alemão caracteriza o caminhar histórico pela complexificação da formação cultural que tem seu contrapeso na perda da unificação harmoniosa das manifestações vitais, que já não podem mais ser unificadas pela religião: "Quanto mais progride a formação [cultural], quanto mais diverso é o desenvolvimento das manifestações vitais em que a cisão pode se entrelaçar, maior é o poder da cisão [...] e mais insignificantes e estranhos ao todo da formação [cultural] são os esforços da vida (outrora a cargo da religião) para se reproduzir em harmonia" (Hegel *apud* Habermas, 2002, p. 31). De maneira análoga, a cultura aparece em *A sociedade do espetáculo* como fruto da cisão (ou da separação), e não é por acaso que Debord evoca o mesmo escrito de Hegel: "A cultura se separou da unidade da sociedade do mito, 'quando o poder de unificação desaparece da vida do homem e os contrários perdem sua relação e sua interação vivas, adquirindo autonomia' (*Diferença entre os sistemas filosóficos de Fichte e de Schelling*)" (SdE, §180). Todavia, é preciso lembrar mais uma vez que

Debord lê Hegel por meio de Marx, e a cisão aqui indicada não pode ser apenas a da perda da unidade tradicional; deve remeter sempre à separação de uma sociedade estruturada pelo antagonismo de classes. À explicação metafísica da perda de poder unificador do mito, substitui-se a explicação sociológica da divisão social do trabalho.

Essa dupla filiação a Hegel e a Marx implica duas consequências distintas. Do pensamento marxiano, agora mediado pela releitura de Lukács, advém uma crítica do caráter parcial da cultura como incapaz de apreender a totalidade. Sua própria condição é a separação do trabalho intelectual como distinto das demais atividades, e portanto a atividade cultural é ela mesma uma reiteração da divisão social. Por isso, Debord pode afirmar que a "cultura é a esfera geral do conhecimento e das representações do vivido na sociedade histórica dividida em classes", mas que ela permanece uma generalização "à parte, como divisão do trabalho intelectual e trabalho intelectual da divisão" (SdE, §180). A superação dessa aporia encontra sua chave na apreensão da lógica hegeliana, que ensina que tudo aquilo que se separa deve novamente se unificar. "A cultura é o lugar da busca da unidade perdida. Nessa busca da unidade, a cultura, como esfera separada, é obrigada a negar a si própria" (SdE, §181). A lógica do conhecimento se desdobra em *télos* do movimento histórico. Assim, se a cultura é fruto da cisão, ela encontra seu sentido na busca pela superação da cisão, isto é, na dissolução em uma nova totalidade. Afinal, para apreender a totalidade, a cultura deve se opor ao seu caráter autônomo, o que equivale a dizer que deve negar a si mesma, uma vez que precisa superar a cisão que a funda. Esse raciocínio vale para cada disciplina autônoma — "como a filosofia no momento em que ganhou sua plena autonomia, toda disciplina tornada autônoma deve desmoronar, primeiro como pretensão de explicação coerente da totalidade social, e depois até mesmo como instrumentação parcelar utilizável em suas próprias fronteiras" (SdE, §182). E vale tanto mais para a cultura como esfera geral dos conhecimentos e das representações do vivido. Fruto das sociedades históricas, a cultura, enquanto atividade parcial, é também a revelação do caráter apenas *parcialmente histórico* das sociedades modernas (SdE, §184). Debord aproxima-se assim da proposição de Marx, para quem estaríamos ainda na pré-história da humanidade; a vida propriamente histórica começaria apenas com o surgimento de uma sociedade que superasse o antagonismo de classes.

O emprego da lógica dialética, que aponta para uma resolução final, transposta ao âmbito do discurso histórico, implica normalmente alguma espécie de "fim da história". Em seu texto, Debord nos apresenta um "fim da história da cultura", que, segundo ele, se "manifesta por dois lados opostos: o projeto de superação [da cultura] na história total", que "ligou sua sorte à crítica social"; e "a organização da manutenção [da cultura] enquanto objeto morto, na contemplação espetacular", que se atrela "à defesa do poder de classe" (SdE, §185). Afirma ainda que "cada um desses dois lados do fim da cultura existe de forma unitária, tanto em todos os aspectos dos conhecimentos quanto em todos os aspectos das representações sensíveis — naquilo que fora a *arte* em sentido mais amplo" (SdE, §185). A oposição indicada por Debord manifesta-se, portanto, em diferentes âmbitos da cultura. No âmbito do conhecimento, a oposição se dá entre os saberes parcelares, ciências especializadas separadas que Debord afirma serem inúteis por não abarcarem o movimento total da sociedade, e a "teoria da práxis", a "única a deter a verdade de todos os conhecimentos por deter o segredo de seus usos" (SdE, §185). Essa teoria da práxis não é mais do que a teoria revolucionária, e esse segredo não é outro senão a "necessidade evidente e secreta da revolução" (SdE, §162). O uso dos saberes encontra seu sentido apenas na transformação emancipatória da sociedade que, como mencionado, deve negar sua própria autonomia.

A oposição manifesta-se também no âmbito da arte, notadamente na relação entre arte e espetáculo: "no segundo caso se opõem a autodestruição crítica da *linguagem comum* da sociedade e sua recomposição artificial no espetáculo mercantil, a representação ilusória do não vivido" (SdE, §185). É preciso distinguir aqui dois momentos específicos desse movimento. Existe, primeiramente, uma perda da linguagem comum que se dá na passagem das sociedades tradicionais às sociedades modernas: "Ao perder a comunidade da sociedade do mito, a sociedade deve perder todas as referências de uma linguagem realmente comum" (SdE, §185). A isso se segue a constituição da arte como esfera autônoma das representações sensíveis, que busca reelaborar uma linguagem comum. Aqui há uma analogia perfeita entre a arte e a cultura: a linguagem geral que elabora tem por base uma condição de separação, e não equivale mais à linguagem comum efetiva das sociedades unitárias. Assim sendo, para atingir seu intuito de recompor uma linguagem comum, a arte deve necessariamente negar-se, isto é, combater o próprio estatuto de separação que a funda enquanto atividade autônoma:

> A arte, que foi essa linguagem comum da inação social, desde que se constitui em arte independente na acepção moderna, emergindo de seu universo religioso original, e tornando-se produção individual de obras separadas, conhece, como caso particular, o movimento que domina a história no conjunto da cultura separada. Sua afirmação independente é o começo de sua dissolução. (SdE, §186)

Mas há uma diferença fundamental na passagem entre essas duas teses. Quando enuncia o fim da sociedade do mito, Debord fala de uma perda da linguagem comum. Na tese anterior, porém, fala de uma "autodestruição crítica" da linguagem comum. O que isso significa? Debord refere-se aqui, mais especificamente, à arte moderna e seu processo de "decomposição" e "aniquilação formal" (SdE, §187), como se torna mais claro adiante no texto. A arte aparece como uma falsa recomposição da linguagem comum após a cisão inaugural da modernidade. Mas seu intento é inalcançável de antemão, por conta de seu caráter separado. Para alcançar a linguagem comum, a arte deve combater sua própria autonomia — o que equivale a combater a própria linguagem artística enquanto tal. Trata-se de uma interpretação da experiência vanguardista dentro de uma chave de leitura hegeliana. Os ataques desferidos pelas experimentações de vanguarda contra as formas tradicionais da arte são interpretados por Debord como uma "autodestruição crítica" da linguagem artística, um uso da arte contra a arte, que percebe na autonomia da esfera artística a limitação última a ser superada na busca por uma nova linguagem comum. Essa linguagem não pode ser atingida simplesmente pela inovação nas formas da representação; precisa de uma transformação mais ampla e que enseje uma "real comunidade histórica". Não surpreende que Debord tenha notado, desde seu "Rapport sur la construction des situations et sur les conditions de l'organisation et de l'action de la tendance situationniste internationale" [Relatório sobre a construção de situações e sobre as condições de organização e ação da tendência situacionista internacional] (2006 [1957]), uma articulação entre as vanguardas artísticas e o movimento revolucionário; o malogro das vanguardas históricas seria explicável pelo refluxo do movimento operário no entreguerras. Aqui vemos que, para Debord, o espetáculo passa a ocupar o lugar outrora pertencente à arte. Após a fase em que a arte se lança em busca de sua própria dissolução, desfazendo criticamente seus meios de representação, ela abdica da constituição de uma linguagem geral. Contudo, após o refluxo do movimento revolucionário, que não conseguiu instaurar uma nova comunidade efetiva, surge uma nova linguagem comum, agora composta pelo espetáculo mercantil como "representação ilusória do não vivido".

Este capítulo é, portanto, fundamental para se compreender a articulação do pensamento de Debord em seus diferentes momentos. Ao redor de uma ideia ampla de cultura, articulam--se arte e política no âmbito de uma reelaboração da ideia hegeliana do fim da arte. O fim da arte, sem o acompanhamento da transformação social, cria as condições de possibilidade da linguagem espetacular. O ataque das vanguardas históricas à autonomia artística resulta na perda do papel da arte em sua função de partilha das representações sensíveis. O espetáculo toma assim o lugar da arte como instância de produção e generalização das representações. Ao mesmo tempo, o fim da arte é reelaborado em um fim da cultura — a qual é entendida aqui como uma instância mais ampla, englobando a arte e as esferas dos conhecimentos. Marx já havia proposto que a filosofia deveria ser superada, ultrapassando seu caráter puramente especulativo em direção a uma teoria da práxis na qual o saber fosse empregado na transformação efetiva da realidade. De maneira análoga, as vanguardas históricas tinham almejado reconduzir a arte em direção à vida, utilizando-a como potência transformadora da práxis vital. Como nas diretivas pintadas por Debord, "realização da filosofia" e "superação da arte" se entrecruzam como complementos necessários, graças a uma concepção da cultura que integra saber e arte. Mais do que isso, inverte-se aqui a ideia hegeliana do fim da arte, pois não há superação possível pela filosofia, uma vez que ambas integram um mesmo movimento geral de dissolução da cultura.[6]

---

[6] Em seus cursos sobre estética, Hegel apontava uma aporia na arte, que, necessariamente atrelada ao sensível, era incapaz de atingir o absoluto. Após a renúncia do Romantismo em reconciliar o sensível e o espiritual (aprofundando a separação entre esses dois âmbitos com um mergulho na subjetividade), caberia à filosofia levar adiante a busca pelo absoluto (Hegel, 2009, p. 104-5). A ideia de um "fim da arte" (que Hegel, na verdade, nunca formulou enquanto tal) teria longeva repercussão na arte de vanguarda, assunto tratado no próximo volume. Por ora, cabe sublinhar que Debord atribui à filosofia a mesma ideia de finalidade — sem a qual não pode haver superação da cisão fundante da cultura.

Ao dar relevância ao conceito de separação, Debord retoma, como vimos, uma noção presente nos escritos de juventude de Hegel. No entanto, permanece evidente que seu recurso a Hegel é mediado por Marx e por outros autores que dialogam com a tradição hegeliano-marxista. Assim, o conceito de separação é informado também por leituras de autores posteriores. Gostaria de destacar aqui a relação que se pode estabelecer entre a perda da unidade e o diagnóstico crítico da modernização industrial feito por György Lukács. A teoria do espetáculo é devedora da teoria da reificação em diversos pontos, como veremos adiante. Por ora, gostaria apenas de salientar que Lukács atualiza e desloca o problema da cisão em dois sentidos fundamentais para a reflexão de Debord. Da crescente especialização da produção moderna extrai duas consequências: (i) a cisão subjetiva do produtor e (ii) o esfacelamento das relações de comunidade na produção.

Dirige-se frequentemente a Lukács a crítica de que sua teoria da reificação é em parte determinada pelo caráter empírico da produção capitalista à sua época. Sua insistência sobre a racionalização da produção, entendida como parcialização e cálculo, seria caudatária da industrialização fordista que observava. Ele generalizaria, então, como uma característica intrínseca do capitalismo, aquilo que seria na verdade apenas uma de suas formas históricas. A crítica é justa, mas não deve nos fazer perder de vista o que há de mais importante na teoria proposta pelo autor, a saber, o esforço de apreender as consequências subjetivas das transformações objetivas do capitalismo. Se o processo produtivo é racionalizado, isso significa que "os sujeitos do trabalho devem ser igualmente fragmentados de modo racional" (Lukács, 2003, p. 205). Para sustentar sua tese, Lukács não repousa em descrições empíricas, mas no retorno atento aos fundamentos da teoria de Marx. Assim, por exemplo, escreve:

seu trabalho fragmentado e mecânico, ou seja, a objetivação de sua força de trabalho em relação ao conjunto de sua personalidade — que já era realizada pela venda dessa força de trabalho como mercadoria —, é transformado em realidade cotidiana durável e intransponível, de modo que, também nesse caso, a personalidade torna-se o espectador impotente de tudo o que ocorre com sua própria existência, parcela isolada e integrada a um sistema estranho. (Lukács, 2003, p. 205)

A frase contida entre travessões é aqui fundamental. Lukács não está afirmando que é a nova mecanização no trabalho que origina a fragmentação do sujeito. Essa fragmentação já estava dada no momento em que o trabalhador vende sua força de trabalho como uma mercadoria. A objetivação da força de trabalho é, para Marx, o ponto de virada que indica a universalização da forma-mercadoria — e, portanto, a entrada no capitalismo. O que isso significa? Que o próprio trabalhador passa a conceber uma parte de si como algo estranho, como uma coisa que ele pode trocar no mercado. Não à toa, Debord falará em trabalho-mercadoria, pois essa força de trabalho que se torna disponível no mercado não é outra coisa senão uma parte do ser humano transformada em mercadoria. Trata-se, portanto, de uma "cisão no interior do homem", que caracteriza o sujeito trabalhador desde seu aparecimento. Lukács está ciente disso, e não pensa a mecanização como causa, mas como aprofundamento dessa lógica. Da mesma maneira fará Debord, em seguida, com relação aos *mass media*, pois é essa cisão interna, fruto da proletarização, que enseja o sujeito espectador, antes mesmo do espetáculo. Relendo Marx à época da industrialização fordista, Lukács compreendeu melhor a reificação do sujeito trabalhador em sua época, identificando os fundamentos dados pelo processo descrito décadas antes pelo filósofo alemão. Da mesma forma, relendo Lukács à época dos meios de comunicação de massa, Debord reencontrou os fundamentos do sujeito espectador que já estavam ali presentes. Esse sujeito cindido pela objetivação da força de trabalho, cuja "personalidade torna-se o espectador impotente de tudo o que ocorre com sua própria existência", parecia aguardar o advento da televisão para que pudesse repousar sua força de trabalho enquanto assiste a imagens que se desenrolam diante de seus olhos — como objetos em uma linha de montagem.

Pode-se dizer que, de certa forma, Debord busca responder à questão das condições de possibilidade do advento do espetáculo. Invertendo a lógica banal, trata-se menos de perguntar o que a televisão faz, e sim o que faz a televisão. Se há meios de comunicação de massa, é preciso que haja massa e que ela já não possua os meios para se comunicar. Em Lukács, há também outro ponto que auxilia nossa compreensão. Ainda falando sobre os sujeitos do trabalho, ele afirma que "a mecanização da produção faz deles átomos isolados e abstratos" (Lukács, 2003, p. 206), pois "a desintegração mecânica do processo de produção também rompe os elos que, na produção 'orgânica', religavam a uma comunidade cada sujeito do trabalho" (Lukács, 2003, p. 205). Por um lado, o capitalismo constitui aglomerações — a expropriação dos meios de produção empurra os contingentes populacionais em direção às zonas industrializadas. Por outro lado, o trabalho que encontram agora, racional e parcializado, não constitui laços comunitários — diferentemente do que acontecia nas sociedades pré-capitalistas. Temos então massas sem comunidade e, portanto, sem comunicação. Solidões aglomeradas que só podem se relacionar por processos mediados.

Os meios de comunicação de massa podem ser assim compreendidos no quadro mais amplo da modernização capitalista. Debord aponta constantemente para o isolamento como condição do espetáculo, insistindo também sobre sua reciprocidade com a tecnologia, explicitando como isolamento e tecnologia alimentam-se mutuamente:

> O sistema econômico fundado no isolamento é uma produção circular do isolamento. O isolamento funda a técnica e, em troca, o processo técnico isola. Do automóvel à televisão, todos os bens selecionados pelo sistema espetacular são também suas armas pelo reforço constante do isolamento das "multidões solitárias". O espetáculo reencontra sempre mais concretamente seus próprios pressupostos. (SdE, §28)

Não seria difícil atualizar essa tese substituindo o automóvel e a televisão — tecnologias que permanecem ainda completamente centrais na vida cotidiana — por outras de invenção mais recente. A chamada hiperconectividade da qual se fala hoje, o fato de estarmos em rede 24 horas por dia, e de carregarmos essas redes na palma da mão, não altera em nada esse diagnóstico. Pelo contrário, a relação circular entre tecnologia e isolamento é empiricamente sentida e manifesta a cada novo aprimoramento dos meios de comunicação. À época do aparecimento do telefone celular, uma sátira cinematográfica apresentava um grupo de amigos que já não sabia mais se comunicar de outra maneira. Em *Denise está chamando* (1996), uma sequência vertiginosa de telefonemas de uma parte à outra culminava em uma morte e um velório vazio. Causa estranhamento hoje ver uma crítica do tipo quando o telefone celular ainda era apenas um aparelho portátil para transmissão de ondas sonoras. Atualmente, a hiperconectividade é acompanhada da lamúria constante de que as redes sociais substituem o contato direto, e não faltariam exemplos satíricos. O que a teoria do espetáculo nos ajuda a compreender é que, embora as tecnologias aprofundem o isolamento, elas não o criam e tampouco o precedem. A surpresa a cada invenção cessa no momento em que compreendemos esse isolamento fundante e o subsequente processo de retroalimentação. A surpresa cessa ao aceitarmos que o princípio estruturante de nossas sociedades é a separação.

SEPARAÇÃO CONSUMADA

A sociedade do espetáculo seria, enfim, a sociedade na qual o movimento de cisão teria chegado a seu termo, como sugere o título do capítulo inicial da obra, "A separação consumada". Nesse capítulo, ganha proeminência o diálogo com a teoria marxiana. A primeira tese é já calcada sobre as palavras iniciais do primeiro capítulo de *O capital* — que retomam, aliás, uma formulação apresentada antes na *Contribuição à crítica da economia política*, de 1859 — cuja alteração mais evidente é a substituição da palavra "mercadorias" por "espetáculos": "Todas as sociedades em que reinam as condições modernas de produção se anunciam por uma imensa acumulação de espetáculos" (SdE, §1). Trata-se, entretanto, de uma falsa pista, pois Debord não visa proceder ainda a uma análise da forma--mercadoria, como faz Marx na exposição lógica com a qual abre sua obra. Esse capítulo tampouco tem *O capital* como principal obra de referência. Seu objetivo é aprofundar o problema da separação pelo prisma da temática da alienação. Para tanto, ele privilegia um diálogo com as obras de juventude de Marx, notadamente com seus *Manuscritos econômico--filosóficos*, redigidos em 1844 e redescobertos em 1932 (Marx, 2001) — indo na contramão da "ruptura epistemológica" entre o jovem Marx e o Marx da maturidade, sustentada à época por Althusser (1965).[7] Afinal, se para Marx o capitalismo aparece sob a forma de uma "imensa acumulação de mercadorias", ou seja, como uma acumulação de coisas, de objetos que são os produtos do trabalho humano, é necessário compreender antes de tudo a especificidade do trabalho sob o capitalismo.

---

[7] Louis Althusser sustenta a existência de uma ruptura epistemológica entre os textos de juventude e *O capital*, desdenhando os textos de Marx sobre a alienação como "idealistas"; ver, por exemplo, sua "Advertência aos leitores d'*O Capital*" (1969), retomada em Marx (2013, p. 56).

Nos *Manuscritos* de 1844, Marx procura demonstrar como o trabalho sob o capitalismo não é um ato de liberdade, mas uma atividade alienada,[8] por ser predeterminada por uma dupla separação: uma separação inicial entre o trabalhador e os meios de produção, e igualmente entre o produtor e o seu produto. Dessa forma, "o objeto produzido pelo trabalho, seu produto, afronta o produtor como um ser estranho, como uma potência que lhe é independente" (Marx, 2001, p. 55). A alienação da qual fala Marx não se resume, porém, ao produto do trabalho, mas diz respeito ao trabalho como um todo. O *trabalho alienado* é a alienação do trabalho compreendido como *atividade vital* do ser humano, pois o que constitui a essência genérica do homem é precisamente sua capacidade de transformar a natureza de maneira voluntária, como ato consciente de transformação. Todavia, "o trabalho alienado inverte essa relação de tal forma que o homem, por ser dotado de consciência, reduz sua atividade vital, sua essência, a um simples meio de sua existência", uma vez que, no capitalismo, "o trabalho, a atividade vital, a vida produtiva aparecem ao homem somente como meios para satisfazer uma necessidade, a necessidade de conservação de sua existência física" (Marx, 2001, p. 57). Isso significa, em suma, que o homem é subtraído de sua própria natureza. O conceito de *alienação* pressupõe, portanto, uma *essência*, e essa essência é definida pela atividade vital do homem que, ao contrário da do animal, deve ser livre e consciente. A essência, subtraída do homem, fixa-se, porém, no objeto. A alienação do trabalho é uma alienação *no* produto do trabalho, alienação *na* mercadoria, o que comporta consequências:

---

[8] Na mais recente tradução brasileira dos *Manuscritos*, feita por Jesus Ranieri, utiliza-se a expressão "trabalho estranhado". Continuarei, porém, a utilizar a fórmula "trabalho alienado", por ser esta a empregada por Debord e os demais autores de sua época.

> A alienação do trabalhador em seu produto não significa apenas que seu trabalho se torna um objeto, uma existência exterior, mas que seu trabalho existe fora dele, independentemente dele, lhe é estranho, e torna-se assim uma potência autônoma; [isto significa] que a vida que ele transferiu ao objeto se opõe, torna-se estranha e hostil a ele. (Marx, 2001, p. 53)

A lógica dialética da argumentação de Marx implica uma espiral crescente: quanto mais o homem produz mercadorias, mais sua essência se aliena nas mercadorias; quanto mais ele transforma seu mundo pelo trabalho (alienado), mais seu mundo se torna estranho e hostil a ele. É essa dialética da alienação, marcadamente presente nos textos de juventude de Marx, que reencontraremos em *A sociedade do espetáculo*. A "separação consumada", da qual trata Debord no primeiro capítulo de seu livro, não é mais que a conclusão desse processo de alienação, no qual o progresso do trabalho moderno — que enseja um mundo aparentemente rico em sua produção material — resulta, inversamente, em uma crescente privação daqueles que o produzem: "O homem separado de seu produto produz, cada vez mais e com mais força, todos os detalhes de seu mundo. Assim, vê-se cada vez mais separado de seu mundo. Quanto mais sua vida se torna seu produto, tanto mais ele se separa da [sua] vida" (SdE, §33).

Debord concebe a sociedade do espetáculo como um novo momento da sociedade capitalista, no qual a alienação teria atingido um novo patamar qualitativo. Por essa razão, ele não quer apenas retomar as ideias do filósofo alemão, mas "corrigi-las" por meio do uso do "desvio" (*détournement*).[9] É o que ocorre

---

[9] Toda a produção de Debord, tanto artística quanto teórica, é embasada pela ideia de *détournement*, que podemos traduzir (não sem perdas) por "desvio". Inspirado pelas práticas de colagem e montagem das vanguardas históricas, mas reivindicando também a noção de plágio proposta pelo escritor maldito Isidore Ducasse (conhecido pelo pseudônimo de Conde de Lautréamont), Debord

na tese 30: "A alienação do espectador em favor do objeto contemplado (o que resulta de sua própria atividade inconsciente) se expressa assim: quanto mais ele contempla, menos vive; quanto mais aceita reconhecer-se nas imagens dominantes da necessidade, menos compreende sua própria existência e seu próprio desejo" (SdE, §30). A afirmação de Debord remete a uma frase de Marx (2001, p. 87), nos mesmos *Manuscritos* de 1844: "Quanto menos você é, menos manifesta sua vida, quanto mais você possui, mais cresce sua vida alienada, mais acumula seu ser alienado". Se retornarmos a esse texto, veremos que a escolha de Debord não é casual. Nessa passagem, Marx (2001, p. 87) trata da moral resultante da economia política: "Essa ciência da prodigiosa indústria é também a ciência do *ascetismo* e seus verdadeiros [homens] ideais são o avaro *ascético*, mas *usurário*, e o escravo *ascético*, mas *produtor*". Ela é, portanto, uma "ciência moral" cuja "tese principal" é "renunciar a si mesmo, renunciar à vida e a todas as necessidades humanas" (Marx, 2001, p. 87). Essa ascese moderna — que não deixa de recordar a tese weberiana da relação entre o ascetismo protestante e o desenvolvimento do capitalismo — é finalmente resumida por Marx da seguinte forma: "Quanto menos você come, menos bebe, menos compra livros, menos vai ao teatro, ao baile, ao cabaré, menos pensa, ama, teoriza, menos canta, fala, pratica esgrima etc., *mais* você *poupa*, *mais aumenta* seu tesouro que não será tomado

---

acredita na importância da apropriação e ressignificação de textos e imagens como uma maneira de compor uma linguagem fluida e não reificada, na qual diferentes sentidos coexistem. Tratarei da questão do desvio, suas origens e diferentes implicações no próximo volume. Até lá, é possível consultar meu texto "*Détournement* in Language and the Visual Arts" [Desvio na linguagem e nas artes visuais], publicado na coletânea *The Situationist International* (Hemmens & Zacarias, 2020). Nesse texto indico também usos distintos do desvio por outros situacionistas. Vale lembrar, enfim, que a noção foi apresentada de modo sistemático pela primeira vez no texto "Mode d'emploi du détournement" [Instrução de uso do desvio], escrito por Guy Debord e Gil Wolman e publicado na revista surrealista belga *Les lèvres nues* em maio de 1956.

pelo pó nem comido pelos vermes, o seu *capital*" (Marx, 2001, p. 87). É nesse contexto que Marx conclui com a frase desviada por Debord: "Quanto menos você é, menos manifesta sua vida, quanto mais você possui, mais cresce sua vida alienada, mais acumula seu ser alienado" (Marx, 2001, p. 87). Ora, nessa passagem, Marx lamenta precisamente a falta de espetáculos, em sua acepção comum. Ele trata do mundo do trabalho que existia sob seus olhos, no século XIX, quando o trabalhador assalariado não recebia mais do que o necessário para sua sobrevivência, e tinha a quase integralidade de seu tempo consumida pelo trabalho. A ascese que critica é a de um trabalho que não dá lugar ao lazer; e a ciência que ele critica é a economia política que calcula custos, preços e salários no escopo único da produção. A distância entre Marx e Debord não poderia ser mais patente: no século XX, as diversões se tornaram igualmente objeto dos cálculos dos economistas. O consumo e a cultura não podem mais aparecer como o *outro* da produção capitalista, pois se tornaram complementos necessários do processo de reprodução do capital, e o espetáculo "é a afirmação onipresente da escolha *já feita* na produção, e o consumo que decorre dessa escolha" (SdE, §6).[10]

10 É interessante notar o lapso de Jacques Rancière (2012) ao se referir a essa passagem na crítica superficial que faz da teoria de Debord em *O espectador emancipado*. Ele atribui a Debord a seguinte frase: "Quanto mais contempla, menos é", quando na verdade Debord escreve "quanto mais contempla, menos ele vive". Como vimos, a passagem é um desvio de Marx. No texto original, encontramos a oposição direta entre ser e ter — "quanto menos você é [...] mais você possui" (Marx, 2011, p. 87) —, indicando uma noção tradicional de alienação na qual o ser do sujeito é alienado na posse do objeto. Em seu desvio, Debord justamente se afasta dessa concepção básica de alienação como alienação de uma essência subjetiva, preferindo um conceito mais aberto e cambiante atrelado à infixidez da experiência. Sua teoria não se resume aos pressupostos da crítica da religião de Feuerbach, como propõe Rancière, e a opção pela noção de vivência que está aqui assente na crítica da vida cotidiana de matriz sociológica, partilhada com Henri Lefebvre (como veremos adiante). Ademais, analisando-se o trabalho do desvio no corpo a corpo com o texto

Temos aqui um dos pontos centrais do diagnóstico de Debord: a alienação se completa justamente quando ela não se limita mais ao trabalho. O fim da tese 30 guarda, assim, mais uma paráfrase de Marx. Este último afirma que o operário "se sente junto a si fora do trabalho e fora de si no trabalho" e que ele "está em casa quando não trabalha e, quando trabalha, ele não está em casa" (Marx, 2001, p. 55), enquanto Debord acredita que "o espectador não se sente em casa em lugar algum, pois o espetáculo está em toda parte" (SdE, §30). Em outras palavras, a alienação não se restringe *à atividade produtiva*, mas concerne à integralidade da vida do trabalhador, de forma que "seus próprios gestos já não [são] seus, mas de um outro que os representa por ele" (SdE, §30). Nesse contexto, o que caracteriza as sociedades modernas não é mais a acumulação de objetos, mas a "imensa acumulação de espetáculos". Porque, doravante, não somente as coisas aparecem como potências estranhas e autônomas, mas também suas representações, todas as "imagens do mundo" (SdE, §2). Essa seria a consequência derradeira do processo de submissão da vida pela economia, compreendida como ciclo incessante de reprodução do valor. Para Debord, "o espetáculo na sociedade corresponde a uma fabricação concreta da alienação", pois "o que cresce com a economia que se move por si mesma só pode ser a alienação que estava em seu núcleo original" (SdE, §32).

O espetáculo é, portanto, apresentado como continuidade do processo de modernização capitalista ou ainda como um salto qualitativo no processo de acumulação do capital. Assim, escreve Debord na última tese do primeiro capítulo: "O espetáculo é o capital acumulado a tal grau que se torna imagem"

---

de Marx, vê-se que essa breve passagem revela um movimento complexo de atualização da teoria em resposta às modificações históricas produzidas pelo avanço do capitalismo, fato inteiramente ignorado por Rancière, que, como filósofo, raciocina apenas com categorias universais e ontológicas (como se Debord tratasse da visão ou da representação em si).

(SdE, §34). Na versão cinematográfica de *A sociedade do espetáculo*, essa tese é acompanhada de um plano do planeta Terra filmado da Lua. A escolha é bastante eloquente. Durante a Guerra Fria, a corrida espacial concentrava os mais importantes investimentos estatais das duas superpotências — sendo, portanto, produto direto do processo de acumulação do capital, com seu consequente investimento constante na renovação tecnológica (ou crescimento do "capital fixo", como diz Marx) — e aparecia como ponto máximo da evolução humana ou, mais justamente, do processo civilizatório ocidental baseado na dominação da natureza. Um desenvolvimento tecnológico, porém, que não incidia sobre a vida cotidiana, que não transformava a vida social, e para a maior parte dos indivíduos era apenas mais um espetáculo a ser contemplado, quiçá o mais fascinante. O homem projetado para fora do espaço era uma espécie de metáfora real da "separação consumada" descrita por Debord, a alienação condensando-se nessa tomada da Terra filmada da Lua, na qual o próprio planeta, em sua inteireza, é reduzido à condição de imagem.

FETICHISMO E REIFICAÇÃO

A análise da forma da mercadoria, tema do primeiro capítulo de *O capital*, é retomada, enfim, no segundo capítulo de *A sociedade do espetáculo*, "A mercadoria como espetáculo". Em nova referência a Marx, Debord inicia afirmando que, sob o espetáculo, "reconhecemos nossa velha inimiga, a qual sabe tão bem, à primeira vista, mostrar-se como algo trivial e fácil de compreender, mesmo sendo tão complexa e cheia de sutilezas metafísicas, a *mercadoria*" (SdE, §35). A paráfrase é significativa, pois remete ao início da quarta parte do primeiro capítulo de *O capital*, "O caráter fetichista da mercadoria e seu segredo". É de fato a noção de *fetichismo*, forma sob a qual o tema da alienação é reelaborado em *O capital*, que torna possível a passagem sem fissuras entre os textos de juventude e de maturidade de Marx. Debord pode, assim, destacar inicialmente a alienação e incorporar subsequentemente a análise da forma-mercadoria. Se no primeiro capítulo o espetáculo era apresentado como a alienação consumada, ele é definido agora como a realização completa do fetichismo da mercadoria: "O princípio do fetichismo da mercadoria, a dominação da sociedade por 'coisas suprassensíveis, embora sensíveis', realiza-se completamente no espetáculo, no qual o mundo sensível é substituído por uma seleção de imagens que existe acima dele e que, ao mesmo tempo, se fez reconhecer como o sensível por excelência" (SdE, §36). Mais uma vez, podemos perceber aqui uma referência a Marx, para quem as mercadorias são "coisas sensíveis suprassensíveis" (Marx, 2013, p. 83). Isso se deve ao fato de que a mercadoria "devolve aos homens a imagem das características sociais de seu próprio trabalho como se fossem características objetivas dos próprios produtos do trabalho, como qualidades sociais que essas coisas possuiriam por natureza: ela lhes devolve assim a imagem da relação social dos produtores ao trabalho global, como uma relação social que existe fora deles, entre objetos" (Marx, 2013, p. 206). O poder de atração das imagens do espetáculo encontraria aí seu fundamento. Elas seriam igualmente coisas "sensíveis suprassensíveis", pois, em sua manifestação sensível, apresentam qualidades que lhes parecem inerentes, mas que na verdade ultrapassam sua concretude e só podem ser explicadas pelo desvelamento do processo social que as engendra. É dessa forma que Debord explica, por exemplo, as vedetes do espetáculo, reinserindo esse fenômeno na lógica fetichista da reprodução do capitalismo. Assim como a mercadoria, as vedetes "encarnam o resultado inacessível do *trabalho* social", e o fazem, notadamente, "imitando os subprodutos desse trabalho que são magicamente transferidos acima dele como sua finalidade: o *poder* e as *férias*, a decisão e o consumo, que estão no início e no fim de um processo indiscutido" (SdE, §60).

Mais uma vez, notamos como, em Debord, produção e consumo aparecem interligados de maneira irremediável. Na verdade, ele busca estender para o âmbito do consumo as reflexões marxistas que concerniam inicialmente à esfera da produção. Ele se serve, de maneira análoga, da teoria da reificação desenvolvida por György Lukács em *História e consciência de classe*, de 1923. Vale notar, antes de mais nada, que o recurso ao conceito de fetichismo é já largamente mediado pela leitura do filósofo húngaro, para quem "o capítulo [de *O capital*] sobre o caráter fetichista da mercadoria oculta em si todo o materialismo histórico" (Lukács, 2003, p. 343). Debord não esconde essa referência, e começa o segundo capítulo de seu livro com uma longa citação da obra de Lukács:

> Porque apenas como categoria universal do ser social total é que a mercadoria pode ser entendida em sua essência autêntica. Apenas nesse contexto a reificação decorrente da relação mercantil adquire um significado decisivo, tanto para a evolução objetiva da sociedade quanto para a atitude dos homens a seu respeito, para a submissão da consciência às formas nas quais essa reificação se expressa. [...] Essa submissão cresce ainda mais porque, quanto mais aumentam a racionalização e a mecanização do processo de trabalho, tanto mais a atividade do trabalhador perde seu caráter de atividade para tornar-se uma atitude *contemplativa*.[11]

A citação é de grande importância, pois reforça o valor sociológico do conceito marxiano de forma-mercadoria. Esse conceito não diz respeito simplesmente ao objeto mercadoria,

---

11 Essa citação de Lukács aparece em epígrafe do segundo capítulo da edição brasileira de *A sociedade do espetáculo* (Debord, 1997, p. 27). Debord reúne aqui dois trechos apartados do texto de Lukács que podemos reencontrar nas páginas 113 e 117 da tradução francesa de *História e consciência de classe*, e nas páginas 198 e 204 da edição brasileira.

isto é, ao produto resultante do trabalho alienado, e deve ser compreendido como uma forma de mediação das relações sociais — como aquilo, portanto, que enseja o ser social em sua integralidade. Não por acaso, Debord diz também que "o espetáculo não é um conjunto de imagens, mas uma relação social entre pessoas, mediada por imagens" (SdE, §4). Isso significa que o processo de produção de mercadorias possui consequências fundamentais para a reprodução da sociedade, consequências tanto objetivas — que concernem à produção material — quanto subjetivas — que dizem respeito à relação dos homens com seus produtos e entre si. Para Lukács, a racionalização do processo de produção industrial produz efeitos devastadores sobre a subjetividade do trabalhador. Escrevendo à época da ascensão do fordismo, ele identificou nessa nova forma de produção um "duplo deslocamento", objetivo e subjetivo. Por um lado, houve a decomposição do processo de produção em "sistemas parciais racionalizados", com a perda da "unidade orgânica irracional" do objeto, cuja unidade agora pode ser somente "determinada pelo puro cálculo" (Lukács, 2003, p. 202); dessa forma, a "unidade do produto como mercadoria não coincide mais com sua unidade como valor de uso" (Lukács, 2003, p. 203). Por outro, "essa fragmentação do objeto da produção implica necessariamente a fragmentação de seu sujeito" (Lukács, 2003, p. 203), pois, perante um sistema racionalmente compartimentado, cujo resultado final permanece inacessível, o homem deixa de aparecer como o "verdadeiro condutor desse processo" (Lukács, 2003, p. 203). Pelo contrário, o trabalhador é tão somente "incorporado como parte mecanizada num sistema mecânico que ele encontra pronto e funcionando de modo totalmente independente dele, e a cujas leis ele deve se submeter" (Lukács, 2003, p. 204). E aqui encontramos a segunda parte da citação de Debord: "Essa submissão cresce ainda mais porque, quanto mais aumentam a racionalização e a mecanização do processo de trabalho, tanto mais a atividade do trabalhador perde seu caráter de atividade para tornar-se uma atitude *contemplativa*" (Lukács *apud* Debord, 1997, p. 27). Incorporado a esse processo que funciona de maneira independente, a única faculdade subjetiva que resta ao trabalhador é a contemplação. Lukács descreve assim uma cisão na personalidade do trabalhador, que se vê despossuído da capacidade de agir e se retrai cada vez mais em uma posição de pura contemplação. Transformam-se desse modo "as categorias fundamentais da atitude imediata dos homens com relação ao mundo", e o homem acaba por se tornar "um espectador impotente de tudo o que acontece com sua própria existência" (Lukács, 2003, p. 205).

Debord (2006 [1957]), desde cedo um crítico da "não intervenção", que ele considera como o princípio do "velho mundo do espetáculo", pode encontrar em Lukács uma valiosa formulação do sujeito moderno como um "espectador". Em certo sentido, o espectador antecedeu o espetáculo. Ele estava pronto como subjetividade cindida pelo processo de produção moderno, sendo contemplador passivo de seu próprio trabalho. A redução da jornada e a expansão do tempo livre, a despeito do que poderia se esperar, não devolveram ao trabalhador as possibilidades de agir sobre sua existência. Ao contrário, o que Debord percebe, quarenta anos após *História e consciência de classe*, é que a invasão do tempo livre pelos produtos da indústria cultural apenas prolongou a passividade do trabalhador para além dos limites da fábrica. Isso implicou também uma mudança fundamental em relação ao problema da *falsa consciência*. Se para Lukács (2003, p. 336-7) a burguesia era a classe da falsa consciência, pois tinha ilusão de ter um papel ativo no processo de produção de mercadorias quando na verdade não deixava de ser um objeto no processo de reprodução do valor, para Debord a ilusão de atividade se generaliza com o consumo, que dá ao trabalhador a sensação de ser sujeito em seu tempo livre. O que Debord quer mostrar é que a "pseudoatividade" do tempo livre, toda ela consumo passivo de mercadorias, apenas aprofunda a reificação do trabalhador e generaliza a falsa consciência, de modo que o espetáculo é definido como "o lugar do olhar iludido e da falsa consciência" (SdE, §3).

VALOR E FALSA CONSCIÊNCIA

Ao falar do trabalho alienado, Marx afirmou que a essência estranhada do sujeito se fixa no objeto; ao falar do fetichismo da mercadoria, afirmou que o valor, abstração resultante de um conjunto de relações sociais, aparece como uma característica inerente do objeto. É isso o que faz da mercadoria um objeto cheio de sutilezas metafísicas, uma realidade de uma só vez sensível e suprassensível. Quando o capitalismo atinge sua fase espetacular, quando o capital já se acumulou a tal grau que se tornou imagem, essa dimensão metafísica da mercadoria se materializa, isto é, pode se manifestar no aparato representativo que se constitui em torno da mercadoria e que serve de suporte à sua realização enquanto tal, a seu consumo. Marx notou, em *O capital*, que a esfera da circulação é complementar à esfera da produção. Nesta última é que se constitui a substância do valor com a apropriação do sobretrabalho, mas é apenas com o consumo da mercadoria que o mais-valor latente se realiza, transformando a própria natureza do capital, que pode então retornar às mãos do capitalista como capital acumulado, isto é, como capital acrescido de mais-valor. Uma vez transformado (como no clássico esquema D-M-D'), deve ser reinvestido, ensejando um novo ciclo de reprodução ampliada. Se o século XIX foi marcado pelo crescente desenvolvimento tecnológico dos meios de produção, mas que desembocou tantas vezes em crises por excedente produtivo, o século XX traz como novidade o investimento crescente na esfera da circulação, com a criação de um aparato que possa garantir o consumo das mercadorias e a completude do ciclo do mais-valor. O setor terciário se torna fundamental e pode se estruturar, em parte, graças ao excedente de mão de obra disponibilizado pela mecanização do trabalho. Todo o aparato midiático e publicitário encontra aqui sua função, e toda a produção cultural vai sendo cada vez mais submetida ao ciclo de reprodução do capital.

Esse processo traz grandes consequências. Entre os muitos problemas que devem ser, por isso, reposicionados, convém que nos dirijamos à questão da falsa consciência, retomando mais uma vez o paralelo com a obra de Lukács, *História e consciência de classe*.

Antes de tudo, é necessário lembrar que o capitalismo, diferentemente de outras formas de organização social da vida material, não se caracteriza simplesmente pela apropriação, por uma classe, dos produtos do trabalho de outra classe. O que é apropriado ao longo do processo de produção capitalista não é o resultado do trabalho, mas o próprio trabalho, concebido aqui não como uma atividade concreta, como a produção de um dado objeto, e sim como uma atividade indiferenciada, um "dispêndio de músculos e energia". Na verdade, a própria noção de trabalho que conhecemos comporta já esse caráter de indiferenciação. Utilizamos a palavra trabalho para designar toda e qualquer atividade, independentemente de sua função, de seu resultado ou do lugar social daquele que a realiza. É preciso desfazer a naturalização da ordem social e notar que essa acepção de trabalho inexiste antes da modernidade capitalista. Nunca antes houve a possibilidade de designar as diferentes atividades sob um único termo. Nunca antes as atividades foram concebidas primeiramente por aquilo que possuíam de indiferenciado. Isso é possível apenas no capitalismo, uma vez que é orientado para a produção de uma abstração: o valor. No capitalismo, então, todo trabalho é trabalho abstrato, ou seja, dispêndio de energia ao longo de determinado período. É esse tempo de dispêndio de energia que constitui a substância do valor. Ou, como diz Marx, é o tempo de trabalho socialmente necessário à produção de dada mercadoria que determina seu valor. Assim, a frase de *O capital* citada previamente comporta uma falsa pista. Marx diz que "toda a riqueza das sociedades modernas aparece como uma imensa acumulação de mercadorias". Dá-se a impressão, então, de que o capitalismo se caracteriza por essa imensa acumulação de mercadorias. Mas é necessário frisar o verbo empregado por Marx: *aparecer*. Essa acumulação de mercadorias é a aparência da sociedade capitalista, mas não sua essência. O capitalismo não é orientado pela acumulação de objetos, ou seja, pela produção de uma riqueza material. Ao contrário, o que dá sentido ao capitalismo é a acumulação de capital, isto é, de uma forma de riqueza não material, mas abstrata. Sua medida da riqueza é o valor, e o valor é uma abstração socialmente determinada, uma abstração temporal do trabalho. Não há, portanto, coincidência entre riqueza material e acúmulo de capital, embora assim possa parecer. Não é difícil reconhecer, porém, essa inadequação entre riqueza material e valor: basta lembrar as inúmeras crises de superprodução que resultaram na destruição da riqueza material produzida a fim de salvaguardar as possibilidades de acúmulo de capital.

Esse caráter claramente irracional da racionalidade do capitalismo encontra sua raiz no fato de a reprodução da vida social ser dominada por uma abstração, pois é orientada para o crescimento constante do acúmulo de valor abstrato, e não para a satisfação das necessidades concretas. Na fase espetacular do capitalismo, podemos ver que isso implica, ao contrário do que se propala, uma verdadeira decadência material de seus produtos. E não se trata apenas da tão falada "obsolescência programada", mas daquilo que Debord indica como "a baixa tendencial do valor de uso" (desviando a expressão marxiana da "baixa tendencial da taxa de lucro", como veremos adiante). Se Marx aponta a dupla dimensão da mercadoria, que contém um lado concreto — seu valor de uso — e um lado abstrato — seu valor de troca —, deixa claro em seguida que o segundo é predominante. Os produtos do capitalismo são, desde o princípio, produzidos para o mercado, e não são mais do que portadores do mais-valor que deve se realizar para, em seguida, ensejar novo ciclo de acumulação.

O cerne do capitalismo estaria, portanto, no processo incessante de valorização do valor. É nesse sentido que Marx caracteriza o capital como um "sujeito automático". Atualmente, os teóricos da chamada *Wertkritik*, ou crítica do valor (Robert Kurz, Anselm Jappe, paralelamente Moishe Postone), têm insistido nessa caracterização do capitalismo como sujeito automático, como processo ininterrupto de valorização do valor, que não depende da ação dos sujeitos sociais. Isso implica abandonar a centralidade que a teoria da luta de classes ocupou até então no marxismo tradicional. Moishe Postone, por exemplo, mostra como o marxismo tradicional havia, em boa parte, limitado-se a tratar do capitalismo como um problema que concerne à esfera da distribuição, como se uma simples distribuição mais equitativa dos produtos do trabalho equivalesse a uma superação do capitalismo. Essa foi a tese defendida por toda política socialista de intervenção estatal. No entanto, retoma Postone, o cerne do capitalismo está no seu processo produtivo, na constituição de um sistema produtor de mercadorias baseado no trabalho abstrato e que visa à acumulação crescente de valor. Sem uma mudança desse processo produtivo, não há superação do capitalismo. Isso significa que a concepção do capitalismo como dominação da burguesia sobre o proletariado é insuficiente. Kurz e Jappe sustentam que o capitalismo deve ser definido mais precisamente como uma forma de dominação sem sujeito, pois não há sujeito social que controle o processo de produção do valor; pelo contrário, é a vida social como um todo que está submetida ao fetichismo do capital.[12]

Debord, por sua vez, nunca se afastou da ideia de luta de classes. Não obstante, sua apresentação do espetáculo e, por consequência, do capitalismo aponta também para essa

---

[12] Retomarei essa questão mais adiante, notadamente na segunda parte, em "Aporias do sujeito e constituição fetichista", p. 214.

dominação do valor sobre a vida. Ele escreve, por exemplo: "O espetáculo submete os homens vivos na medida em que a economia já os submeteu completamente. Ele não é mais do que a economia se desenvolvendo por si mesma" (SdE, §16). Por isso Debord também não pode aceitar que a superação do capitalismo se dê por meio de uma simples redistribuição equitativa dos produtos do trabalho. Quando trata dos países do Leste, Debord se refere ao comunismo soviético, na verdade, como um capitalismo burocrático, o que o aproxima da tese proposta anos antes por Cornelius Castoriadis, que via na União Soviética (URSS) um capitalismo de Estado. Mas Debord vai além de Castoriadis em um ponto específico. Para o situacionista, a experiência soviética é a demonstração de um capitalismo que já não precisa mais da burguesia, que dispensa a existência de uma classe. Em uma inversão interessante, o "socialismo real" revela a verdade do capitalismo como "sujeito automático", como processo autonomizado de valorização do valor que não demanda mais a mediação de um sujeito social para continuar sua dominação sobre a sociedade (SdE, §104).[13]

A burguesia teria sido, assim, uma classe a serviço do capitalismo. Sua impressão de ser o sujeito dominante do processo de acumulação do capital não seria mais do que uma ilusão. Por esse motivo, Lukács afirma que a burguesia é a classe da falsa consciência, precisamente porque conserva a ilusão de uma função ativa em um processo que, na verdade, não está sob seu controle. O proletariado, por sua vez, não pode ter essa ilusão, acredita Lukács, pois está reduzido à condição de mero objeto incorporado no processo racionalizado da produção industrial. É daí que advém a crença no proletariado como classe revolucionária, como sujeito histórico da transformação social, pois tomar consciência de sua condição de classe sig-

---

[13] Questão desenvolvida mais adiante, notadamente na segunda parte, na seção "Guy Debord e Socialismo ou Barbárie", p. 130.

nifica tomar consciência de sua condição de objeto. Tendo a ilusão de comandar o processo de produção do capital, a consciência de classe da burguesia permanece parcial, incapaz de compreender o funcionamento da sociedade como um todo; é, portanto, uma falsa consciência. Já a consciência de classe do proletariado exige reconhecer a reificação da sociedade como um todo: ao se perceber como sujeito objetificado pela produção capitalista, o trabalhador pode descobrir a reificação como elemento estruturante do capitalismo. Para realizar-se como sujeito, o proletariado não tem outra opção senão romper com sua posição de objeto, e, para tanto, se vê na necessidade de transformar a sociedade. Daí a aposta no proletariado como sujeito histórico, aquele que, para ser sujeito, deve trazer a mudança histórica da sociedade, ou seja, a revolução.

No quarto capítulo de seu livro, "O proletariado como sujeito e como representação", Debord incorpora essa tese, mas com uma diferença fundamental em relação a Lukács. Para este último, o processo que vai da tomada de consciência do proletariado à revolução encontra na forma de organização política do partido sua mediação necessária (mediação entre prática e teoria, entre "em si" e "para si"). Dito de outro modo, é necessário que a classe se organize como partido (comunista) para que ele possa levar a classe à revolução. Debord, por sua vez, posiciona-se contra a mediação do partido, criticando duramente Lukács (SdE, §112). Isso porque o situacionista considera toda forma de política representativa uma forma de espetáculo, defendendo uma prática política direta, sem mediações partidárias, mais próxima da acepção do comunismo de conselhos.

Trataremos do problema da política (e de sua funcionalidade) mais adiante. Por ora, importa destacar que aquilo que para Lukács aparecia como típico da burguesia, a ilusão de atividade, e que fazia dela a "classe da falsa consciência" parece ter se generalizado na fase do capitalismo avançado. Se a burguesia era a única que podia ter a ilusão de atividade na produção, no consumo, ambas as classes podem conhecer essa ilusão de atividade.

Para que isso fique claro, retomo aquela distinção que Marx fazia entre o espaço do trabalho e seu exterior — enquanto o trabalho corresponde ao local da alienação do sujeito, ou seja, onde o trabalhador está "fora de si", o mundo exterior designa onde o trabalhador está "junto a si". Em outras palavras, é no seu tempo livre que o sujeito pode se realizar enquanto sujeito, pois é quando readquire um papel ativo, e não mais de mero objeto integrado no processo racionalizado da produção. Entretanto, o desvio que Debord faz dessa passagem, acima comentado, já indica o ponto cego desse raciocínio. Na sociedade do espetáculo, o trabalhador é, acima de tudo, um espectador, quer em seu tempo de trabalho, quer em seu tempo livre, razão pela qual "ele não está junto a si em nenhum lugar". Não obstante, essa ideia de que o trabalhador pode se autorrealizar em seu tempo livre permanece central no âmbito ideológico: é o carro-chefe de toda produção publicitária que interpela o consumidor e lhe promete essa realização por meio do consumo de determinado produto. E pouco parece importar a contradição óbvia entre a promessa de uma completude individual e particular por meio do consumo de um objeto massivamente produzido — o fundamental é que, ao consumir, o trabalhador volta a ter direito à escolha. Parece haver uma potência que lhe é restituída, uma possibilidade de ação. Trata-se, porém, de uma potência mutilada, de um campo de possibilidades ínfimo, no qual o agir foi reduzido à opção entre um número limitado de produtos. Como nota Debord, "sob todas suas formas particulares, informação ou propaganda, publicidade ou consumo direto de divertimentos, o espetáculo constitui o *modelo* presente da vida socialmente dominante. Ele é a afirmação onipresente da escolha *já feita* na produção, e o consumo que decorre dessa escolha" (SdE, §6). Seja como for, o consumo cria a ilusão da ação; dá ao trabalhador a ilusão de ser sujeito em seu tempo livre. O consumo passa, de fato, a justificar a alienação do trabalho, como se a coisificação (ou reificação) do sujeito fosse aceitável, ou ao menos tolerável, por ser compensada pela liberdade que ele reencontra fora do trabalho — liberdade essa que, porém, só pode se exercer no mercado, por meio do consumo de mercadorias. Aquilo que aparece como realização do sujeito é, na verdade, realização do objeto, isto é, realização da mercadoria. O que passa a constituir o sujeito é apenas o acúmulo das características aparentes das mercadorias.

MERCADORIA E SOBREVIVÊNCIA AMPLIADA

"O espetáculo", escreve Debord, "é o momento em que a mercadoria *ocupou* totalmente a vida social. Não apenas a relação com a mercadoria é visível, mas não se consegue ver nada além dela: o mundo que se vê é o seu mundo" (SdE, §42). O autor vislumbra um desenvolvimento histórico no qual a economia ultrapassa suas delimitações originárias, vindo a subjugar as demais esferas sociais. A economia originalmente não seria mais do que a "base material da vida social", permanecendo "despercebida e incompreendida". Nessa fase, "a dominação da mercadoria sobre a economia exerceu-se primeiro de um modo oculto". É apenas "com a Revolução Industrial, a divisão fabril do trabalho e a produção em massa para o mercado mundial [que] a mercadoria aparece como uma força que vem *ocupar* a vida social" (SdE, §41). Assim, o processo de submissão da vida pela economia é acompanhado também de um processo de submissão da economia pela mercadoria. A operação teórica de Debord pode ser compreendida como um esforço de entrelaçar as duas dimensões distintas que fundamentam o primeiro volume de O *capital*. Trata-se, em suma, de entrecruzar a exposição histórica da acumulação primitiva e do aparecimento do modo de produção capitalista com a exposição lógica que define as características da forma-mercadoria como "célula do corpo do capitalismo". Dessa forma, do avanço histórico do capitalismo — industrialização, divisão social do trabalho e constituição de um mercado global — pode-se deduzir a generalização das características da forma-mercadoria como categorias que passam a estruturar toda existência social. Assim, se "sob todos os pontos de vista a forma-mercadoria é a igualdade confrontada consigo mesma, a categoria do quantitativo", não há que se estranhar "a tão evidente perda da qualidade em todos os níveis dos objetos que a linguagem espetacular utiliza, e das atitudes que ordena" (SdE, §38).

Encontramos mais uma vez aqui afinidade com a teoria de Lukács, para quem, com a universalização da forma-mercadoria, "o trabalho abstrato, igual, comparável [...] se torna uma categoria social que influencia de maneira decisiva a forma de objetivação tanto dos objetos como dos sujeitos da sociedade emergente, de sua relação com a natureza, das relações dos homens entre si que nela são possíveis" (Lukács, 2003, p. 200-1). É preciso lembrar, todavia, que a perda da qualidade concreta da vida, quer a entendamos como perda da qualidade dos produtos industrializados perante os artesanais, quer a entendamos como degradação das relações sociais no capitalismo avançado, era já um tema crucial no pensamento de Debord. Remetia ao seu percurso inicial na vanguarda, em busca de refundar as relações afetivas com o espaço urbano, na prática da deriva ou no intento de inventar novos modos de relações intersubjetivas com a construção de situações. De forma análoga, no período final de sua vida, Debord deu grande atenção à falsificação alimentar com o avanço da industrialização e da química nesse âmbito — tema que retomarei mais adiante. Aqui, vemos que o autor encontra a explicação lógica da perda constante da qualidade na própria estrutura categorial da forma-mercadoria. O que distingue a mercadoria de outros produtos do trabalho humano — ou de outras formas históricas que revestiram os produtos das atividades humanas de transformação da natureza — é precisamente seu paradigma de equivalência. O que faz com que um objeto seja uma mercadoria é a possibilidade de ser trocado, no mercado, por outros objetos cujas qualidades concretas são distintas das suas. Isso significa rebaixar as qualidades concretas dos objetos em prol de seu denominador comum, de um equivalente abstrato que possibilite sua troca. É daí que Marx extrai a distinção entre valor de uso e valor de troca: o primeiro diz respeito à dimensão concreta do objeto, seu uso real, e o segundo concerne à dimensão abstrata do objeto, aquilo que possibilita sua troca *apesar* de suas qualidades específicas.

Debord, particularmente afeito à história das repúblicas renascentistas italianas, afirma que "o valor de troca, *condottiere* do valor de uso, acaba guerreando por conta própria" (SdE, §46). Se inicialmente o valor de troca era um agente do valor de uso — isto é, aquilo que permitia a troca de dois produtos de utilidades distintas —, com o avanço da sociedade de mercado, o valor de troca "conseguiu *dirigir* o valor de uso" (SdE, §46), submetendo os usos possíveis ao processo da troca. Se Marx falava de uma "baixa tendencial da taxa de lucro", indício de uma contradição da reprodução econômica do capital, Debord fala de uma *"baixa tendencial do valor de uso"* (SdE, §47), que indica uma contradição do aspecto qualitativo da reprodução material no capitalismo. A própria publicidade, com seu alarido incessante e alucinatório em torno dos produtos banais da produção industrial, pode ser compreendida como uma compensação espetacular desse processo: "o valor de uso que estava compreendido implicitamente no valor de troca deve ser agora proclamado de forma explícita, na realidade invertida do espetáculo, justamente porque a realidade efetiva desse valor de uso está corroída pela economia superdesenvolvida" (SdE, §48).

Debord pode afirmar, assim, que "o consumidor real se torna consumidor de ilusões" (SdE, §47). É preciso, porém, tomar cuidado com essa afirmação. Não se deve achar que Debord está apenas reformulando de modo mais refinado o lugar-comum que postula a publicidade como uma arte do engodo. Não se trata simplesmente de opor a falsidade da publicidade à verdade do objeto. Pelo contrário, o próprio objeto é já portador dessa ilusão: "A mercadoria é essa ilusão efetivamente" (SdE, §47). É precisamente o rebaixamento do valor de uso e a perda constante das qualidades concretas que fazem da mercadoria uma ilusão. A mercadoria não é uma forma de objeto fechado em si. Aquilo que a determina é algo que transcende sua condição de objeto; afinal, a mercadoria é portadora de valor, e o valor é resultado de um processo social. As características materiais do objeto não esgotam, portanto, o sentido do objeto enquanto mercadoria. Em certo sentido, a mercadoria é sempre metafísica, pois o que enseja sua forma está além de sua dimensão concreta. Em termos mais simples, a mercadoria nunca é apenas aquilo que ela é. Falar em consumo de mercadorias equivale a falar em consumo de ilusões. O espetáculo é apenas a "manifestação geral" (SdE, §47) de um caráter ilusório que já está dado na produção material.

Se a produção de mercadorias implica a perda qualitativa dos produtos do trabalho humano, o resultado é um notável paradoxo: quanto mais rica é uma sociedade produtora de mercadorias, mais empobrecido se torna seu mundo material. Debord se posiciona, assim, na contramão da crença — socialmente partilhada em sua época — no suposto progresso material advindo do avanço técnico-científico. Mais que isso, aponta para outra contradição, de impacto ainda maior: a aparente abundância que decorre do avanço do capitalismo reverte-se prontamente em privação, pois a conquista do mundo pela economia faz que a própria sobrevivência já não possa ser buscada fora da dominação capitalista.

> A economia transforma o mundo, mas o transforma apenas em mundo da economia. A pseudonatureza na qual o trabalho humano se alienou exige prosseguir seu *serviço* infinitamente. Como esse serviço só é julgado e absolvido por ele mesmo, ele submete, como seus servidores, a totalidade dos esforços e dos

projets socialmente lícitos. A abundância das mercadorias, isto é, da relação mercantil, já não pode ser senão a *sobrevivência ampliada*. (SdE, §40)

O conceito de sobrevivência ampliada é central na teoria de Debord, e marca um dos pontos-chave em que o autor consegue identificar o reverso dialético do progresso da razão ocidental. A sociedade moderna se congratulava por ter superado o estado de penúria e ter resolvido os problemas básicos de sobrevivência ao tornar a produção material independente dos ciclos naturais. Para Debord, porém, essa sociedade havia apenas criado uma nova forma de restrição, uma segunda natureza igualmente ou mais limitadora do que a primeira:

> Esta [sociedade] não se torna liberada da antiga penúria, pois exige a participação da grande maioria dos homens, como trabalhadores assalariados, na busca infinita de seu esforço; todos sabem que devem se submeter a ela ou morrer. É a realidade dessa chantagem: o uso sob sua forma mais pobre (comer, morar) já não existe a não ser aprisionado na riqueza ilusória da sobrevivência ampliada, que é a base real da aceitação da ilusão geral do consumo de mercadorias. (SdE, §47)

ESPETÁCULO, DINHEIRO E ELO SOCIAL

Essa última citação apresenta a expressão "ilusão geral"; pouco antes, havíamos visto que o espetáculo era a manifestação geral do caráter ilusório da mercadoria. Essas expressões remetem a uma outra, contida em Marx e fundamental para compreender a relação social da troca: o chamado "equivalente geral". Retomando o percurso teórico traçado até aqui: a forma-mercadoria é caracterizada pela dupla dimensão valorativa, desdobrável em valor de uso e valor de troca, e este último tende a subjugar o primeiro com o avanço do capitalismo. Isso se dá porque é justamente o valor de troca que torna possível o intercâmbio de objetos cujas qualidades intrínsecas são dessemelhantes; nele está contido o elemento de equivalência. Sabemos que, no que tange à produção, Marx encontraria na base dessa equivalência uma generalização temporal do trabalho: o tempo de trabalho socialmente necessário à produção de um objeto serve de base para mensurar seu valor. Mas, no que concerne à circulação, o desenvolvimento da sociedade mercantil exigiria que uma mercadoria fosse colocada à parte para embasar as trocas das demais, constituindo aquilo que Marx nomeia como equivalente geral. O elemento de equivalência estaria exteriormente representado nessa mercadoria, despida, para tanto, de qualquer outra utilidade. Essa função seria cumprida pelos metais preciosos, sobretudo pelo ouro, até encontrar sua representação ideal na forma-dinheiro. Debord retoma essa conceitualização na tese 49, com vistas a propor uma analogia entre o espetáculo e o dinheiro: "O espetáculo é a outra face do dinheiro: o equivalente geral abstrato de todas as mercadorias. O espetáculo é seu complemento moderno desenvolvido, no qual a totalidade do mundo mercantil aparece em bloco, como uma equivalência geral àquilo que o conjunto da sociedade pode ser e fazer" (SdE, §49). Se o dinheiro representava a equivalência que possibilitava a troca de todos os objetos, o espetáculo representa uma equivalência alargada de tudo o que foi submetido à lógica da mercadoria — não apenas objetos, mas também atividades e modos de existência que parecem igualmente intercambiáveis. Assim, ele arremata afirmando que "o espetáculo é o dinheiro que *somente se contempla*, pois nele é já a totalidade do uso que foi trocada contra a totalidade da representação abstrata" (SdE, §49).

Essa analogia entre espetáculo e dinheiro evidencia novamente a importância conferida por Debord à oposição entre valor de uso e valor de troca, contradição contida no interior da forma-mercadoria. No entanto, ele parece se ater sobretudo ao modo como essa oposição é apresentada ainda no início de *O capital* de Marx, e podemos perceber aí certa limitação em sua compreensão da forma-mercadoria. Isso fica evidente, por exemplo, quando Debord fala em "mercadorias concretas" (SdE, §41) como "raras e minoritárias" em nossa sociedade. Com isso, parece indicar que uma mercadoria pode ser concreta se nela predominar o valor de uso (seu lado concreto), quando na verdade a mercadoria deve ser compreendida como determinação formal específica da objetivação do trabalho abstrato. Se fosse um objeto determinado por sua dimensão qualitativa, seria outra forma de objeto, e não uma mercadoria. No capitalismo, os objetos já são produzidos para troca, seu processo produtivo já tem como alvo o acúmulo de valor abstrato, e o uso já está de antemão subordinado enquanto corporeidade que abriga o valor. Se Debord atém-se tanto à oposição entre valor de uso e valor de troca é porque vê na "perda do uso" um sintoma claro da alienação social em sentido mais amplo. E aqui é possível aproximá-lo novamente de Marx, apesar do ligeiro equívoco no que diz respeito ao conceito de mercadoria.

Marx caracteriza o elo social sob o capitalismo como uma relação de "dependência recíproca e multilateral dos indivíduos mutuamente indiferentes" (Marx, 2011, p. 157). Os indivíduos isolados são indiferentes entre si porque não possuem relações de dependência pessoal — uma característica da modernidade capitalista seria justamente a substituição das relações de dependência pessoal, típicas das sociedades pré-modernas, por uma forma de dependência "coisal" (Marx, 2011, p. 158) — e também porque suas atividades não são diretamente complementares. Diferentemente de uma organização social em que as diferentes tarefas se complementam por conta de suas qualidades concretas, no capitalismo os diferentes trabalhos recompõem uma universalidade abstrata e se inter-relacionam, portanto, por meio de um universal abstrato que é o valor de troca. Embora exterior à atividade, essa mediação abstrata já está pressuposta na forma do trabalho abstrato. Como escreve Marx: "O pressuposto elementar da sociedade burguesa é que o trabalho produz imediatamente valor de troca, por conseguinte, dinheiro; e então, igualmente, que o dinheiro compra imediatamente o trabalho e, por isso, o trabalhador tão somente na medida em que ele próprio aliena sua atividade na troca" (Marx, 2011, p. 251). Além disso, há, ao mesmo tempo, uma "dependência recíproca", pois o trabalho é, de saída, uma atividade produtora de valor de troca, e só pode existir como parte de uma sociedade em que os elos sociais são dados pelo valor. É nesse sentido que a relação de dependência pessoal é substituída por uma dependência "coisal", ou reificada (como diria Lukács), pois "a troca universal de atividades e produtos, que deveio condição vital para todo indivíduo singular, sua conexão recíproca, aparece para eles mesmos como algo estranho, autônomo, como uma coisa" (Marx, 2011, p. 158). Em outras palavras, trata-se, como resume Jappe (2006, p. 51), de *alienação do elo social*. Dessa forma, pensar o capitalismo como um simples conflito entre capital e trabalho seria um equívoco redutor, que perde de vista essa dimensão ampla do valor como constituição fetichista dos elos sociais (questão à qual retornaremos mais adiante). O próprio Marx aponta nessa direção ao notar que "*trabalho assalariado*, por um lado, e *capital*, por outro, são apenas outras formas do valor de troca desenvolvido e do dinheiro enquanto sua encarnação" (Marx, 2011, p. 251).

 O senso comum de que nossa sociedade é movida pelo dinheiro esconde, assim, uma verdade mais profunda que remete ao caráter historicamente específico da socialização pelo valor. "O valor, na forma visível do dinheiro, tornou-se ele mesmo uma forma social de organização: as suas leis tornaram-se as da mediação social" (Jappe, 2006, p. 51). Frisemos essa caracterização do dinheiro como forma visível ou ainda como encarnação do valor. O espetáculo de Debord pode ser entendido aqui em analogia direta. Nele, vemos uma forma visível da alienação do elo social que conforma a sociedade capitalista, necessariamente mediada pela universalidade abstrata do valor. Marx afirma ainda que "o dinheiro é, ao mesmo tempo, imediatamente a *comunidade real*, uma vez que é a substância universal da existência para todos e o produto coletivo de todos" (Marx, 2011, p. 251). Novamente poderíamos transpor as palavras para o espetáculo segundo Debord, incluindo a ressalva de que essa "comunidade no dinheiro [ou no espetáculo] é pura abstração, pura coisa exterior e contingente para o singular e, simultaneamente, puro meio de sua satisfação como singular isolado" (Marx, 2011, p. 251). É pura abstração, pois, independentemente das manifestações individuais, o elo comunitário é estabelecido pelo valor de troca, enquanto universal que nega toda particularidade (Marx, 2011, p. 157). E é puro meio de satisfação do singular isolado, pois o dinheiro é a forma individualizada desse universal, o valor de troca, que permite aos indivíduos exercerem seu poder social: "o poder que cada indivíduo exerce sobre a atividade dos outros ou sobre as riquezas sociais existe nele como o proprietário de *valores de troca*, de *dinheiro*" (Marx, 2011, p. 157). Daí a notável fórmula de Marx ao afirmar que "seu poder social, assim como seu nexo com a sociedade, [o indivíduo] traz consigo no bolso" (Marx, 2011, p. 157). Mais uma vez, não seria difícil prolongar a analogia, e afirmar que hoje, na forma de proprietários de espetáculos, os indivíduos carregam no bolso seu nexo com a sociedade — ou, beirando o literal, poderíamos dizer sua conexão com a sociedade.

A REIFICAÇÃO DO TEMPO

Da universalização da forma-mercadoria e da correspondente generalização do paradigma quantitativo decorre também uma transformação vultosa na relação com o tempo, tanto em sua dimensão subjetiva quanto social. Deve-se ter sempre em mente a articulação dialética entre determinações subjetivas e objetivas proposta pela teoria da reificação de Lukács, que Debord incorpora. Isso significa que o avanço do modo de produção capitalista não só transforma a natureza como condiciona igualmente o modo de ser do sujeito e sua relação com o mundo exterior. A atitude contemplativa da qual fala Lukács na citação que epigrafa o segundo capítulo de *A sociedade do espetáculo* indica a formação de uma subjetividade espectadora que decorre da nova forma de reprodução da vida material. Na sequência dessa mesma citação, Lukács indica uma consequência ainda mais profunda desse processo. Para ele, as transformações objetivas advindas do modo de produção mercantil implicam a modificação das próprias dimensões fundamentais da experiência do sujeito. As duas dimensões nas quais o sujeito pode se situar e se desenvolver são, por princípio, o tempo e o espaço. Para ele, contudo,

> A atitude contemplativa diante de um processo mecanicamente conforme as leis e que se desenrola independentemente da consciência e sem a influência possível de uma atividade humana, ou seja, que se manifesta como um sistema acabado e fechado, transforma também as categorias fundamentais da atitude imediata dos homens em relação ao mundo: reduz o espaço e o tempo a um mesmo denominador e o tempo ao nível do espaço. (Lukács, 2003, p. 204)

Para Lukács, portanto, o tempo é reduzido à dimensão do espaço. Para entender esse raciocínio, é preciso interrogar os conceitos de tempo e de espaço na percepção do filósofo. Para ele, o tempo tem intrinsecamente um "caráter qualitativo, mutável, fluido" (Lukács, 2003, p. 205). Já o espaço remete àquilo que pode ser delimitado, separado e, portanto, quantificado. Suas concepções de espaço e tempo são próximas daquelas veiculadas pelo filósofo francês Henri Bergson, crítico contumaz da concepção kantiana da temporalidade. Bergson defendia uma retomada da experiência imediata do tempo, propondo a ideia de duração (*durée*) como uma dimensão fluida e de continuidade indiscernível. A experiência do tempo seria, assim, totalmente distinta do tempo do relógio ou de toda representação espacializada do tempo — pois as possibilidades de delimitação e separação de objetos seriam características da dimensão do espaço, não aplicáveis aos momentos temporais, de qualidades variáveis e não quantificáveis. Joseph Gabel (1962, p. 16) relata uma penetração do pensamento de Bergson nos meios filosóficos húngaros à época de Lukács, e acredita ver aí uma explicação possível à noção de tempo reivindicada em *História e consciência de classe*. De fato, a teoria da reificação é uma teoria da espacialização da experiência, pois aponta, a todo momento, a "objetificação" ou "coisificação" do sujeito, o que equivale a dizer que a experiência subjetiva é reduzida à dimensão do espaço. Algo muito semelhante encontra-se em Debord, que identifica um "movimento essencial do espetáculo, que consiste em recuperar tudo o que existia na atividade humana em *estado fluido*, para possuí-lo em estado coagulado" (SdE, §35). Desse modo, os dois autores assumem uma posição de exceção no interior do pensamento marxista, que associou, via de regra, o avanço da produção capitalista com o triunfo do tempo sobre o espaço. Lukács relembra as palavras de Marx em *A miséria da filosofia*:

> Com a subordinação do homem à máquina, [...] os homens acabam sendo apagados pelo trabalho, o pêndulo do relógio torna-se a medida exata da atividade relativa de dois operários, tal como a medida da velocidade de duas locomotivas. Sendo assim, não se pode dizer que uma hora [de trabalho] de um homem vale a mesma hora de outro, mas que, durante uma hora, um homem vale tanto quanto outro. O tempo é tudo, o homem não é mais nada; quando muito é a personificação do tempo. A qualidade não está mais

em questão. Somente a quantidade decide tudo: hora por hora, jornada por jornada. (Marx *apud* Lukács, 2003, p. 204-5)

Nessa passagem, Marx se refere à submissão do homem ao tempo da produção. Se a produção de mercadorias encontra seu sentido no acúmulo de valor, e se o valor é medido pelo tempo de trabalho socialmente necessário à produção de dado objeto, então todo trabalho humano está formalmente submetido ao tempo do relógio. O tempo aparece aqui como um inimigo, como a própria jaula que aprisiona o trabalhador. Tanto Lukács quanto Debord se utilizam desse trecho do texto de Marx com a intenção de inverter o sentido que lhe é comumente atribuído. Para isso, buscam estabelecer uma diferença entre a dimensão propriamente ontológica do tempo e as formas sócio-históricas de representação e organização temporal. À dimensão ontológica do tempo, associam a experiência da transformação qualitativa, contrária à representação cronológica, composta por intervalos vazios e homogêneos. O tempo do relógio é ele mesmo uma traição da experiência qualitativa do tempo, e sua imposição como organização da vida denuncia o triunfo da forma-mercadoria como universalização do paradigma quantitativo. Debord pode falar então de um tempo-mercadoria como condicionamento subjetivo resultante do triunfo objetivo da forma de produção capitalista, mas que não deve ser confundido com o tempo enquanto tal. Pelo contrário, o tempo-mercadoria é o inimigo da experiência qualitativa do tempo. Convém retomar a tese em sua integralidade:

O tempo da produção, o tempo-mercadoria, é uma acumulação infinita de intervalos equivalentes. É a abstração do tempo irreversível, cujos segmentos devem todos provar no cronômetro sua pura igualdade quantitativa. Esse tempo é, em toda sua realidade efetiva, aquilo que é em seu caráter *intercambiável*. É nessa dominação social do tempo-mercadoria que "o tempo é tudo, o homem não é nada; o homem é apenas a carcaça do tempo" (*A miséria da filosofia*). É o tempo desvalorizado, a inversão completa do tempo como "campo de desenvolvimento humano". (SdE, §147)

Debord inverte o sentido da citação de Marx, circunscrevendo-a de maneira clara: "É nessa dominação social do tempo-mercadoria que 'o tempo é tudo, o homem não é nada'". E diz ainda que esse tempo é um tempo depreciado, subtraído de seu valor como "campo de desenvolvimento humano". A noção de tempo reivindicada por Debord continua marcadamente hegeliana, como revela outra tese mais adiante: "O tempo é a alienação *necessária*, como o demonstrou Hegel, e o meio no qual o sujeito se realiza se perdendo, torna-se outro para tornar-se a verdade de si mesmo" (SdE, §161). No tempo, o sujeito não pode permanecer igual: deve necessariamente mudar com a passagem dos anos. Nesse sentido, o tempo é uma "alienação *necessária*". Para Hegel, é na transformação de si ao longo do tempo que o sujeito caminha em direção à verdade. Debord acredita que o espetáculo, enquanto sociedade reificada, "interdita e petrifica as possibilidades e os riscos da alienação *viva* no tempo" (SdE, §161). O contrário dessa alienação necessária, pois inevitável, e viva, pois em constante movimento, é "a alienação dominante, à qual é submetido o produtor de um *presente estranho*" (SdE, §161). Retomando mais uma vez a oposição valorativa entre tempo e espaço, que faz do tempo a dimensão do qualitativo e do espaço a dimensão do quantitativo, Debord afirma que essa alienação dominante é uma "alienação espacial", pois fundada na *separação*: "Nessa alienação espacial, a sociedade que, em sua raiz, separa o sujeito da atividade que lhe extirpa, separa-o primeiro de seu próprio tempo" (SdE, §161).

Para além dessa dimensão de perda qualitativa na relação subjetiva com o tempo, Debord aponta também importantes transformações no que diz respeito à organização objetiva do tempo. O tempo social não se restringe ao tempo da produção contabilizado pelos intervalos homogêneos e vazios do cronômetro; ele existe também sob o aspecto complementar do tempo consumível que retorna à vida cotidiana como um *tempo pseudocíclico*. Esse "tempo pseudocíclico não é mais do que o *disfarce consumível* do tempo-mercadoria da produção" (SdE, §149). A caracterização aqui apresentada do tempo social comporta necessariamente uma compreensão da relação do homem com a natureza e, portanto, do que seria o tempo natural. Como vimos, à época de Debord ganhava força a ideia segundo a qual a modernização havia permitido ao homem superar o estado de escassez e a relação de estreita dependência para com a natureza; e, para o situacionista, essa situação de libertação era apenas aparente, pois o capitalismo havia inaugurado uma época de "sobrevivência econômica moderna" ou de "sobrevivência ampliada" (SdE, §151). A riqueza material e a superação da escassez não desembocavam em verdadeira emancipação, pois o homem estava agora submetido à "pseudonatureza desenvolvida no trabalho alienado" (SdE, §151). Essa pseudonatureza retornava manifesta no mimetismo ilusório do tempo natural, que Debord chamou de tempo pseudocíclico: "O tempo pseudocíclico, ao mesmo tempo, se apoia sobre os resquícios naturais do tempo cíclico [dia e noite] e compõe novas combinações homólogas [o trabalho e o descanso semanal, o retorno dos períodos de férias]" (SdE, §150). Não obstante, como diz Debord na tese 155, trata-se sempre de um tempo *pseudo*cíclico, uma vez que, à diferença das sociedades pré-industriais, "o consumo pseudocíclico da economia desenvolvida se encontra em contradição com o tempo irreversível abstrato de sua produção" (SdE, §155). Assim, "o tempo pseudocíclico é um tempo que foi *transformado pela indústria*" (SdE, §151). Por isso Debord afirma que o espetáculo apresenta uma *"falsa consciência do tempo"* (SdE, §158), pois oculta o tempo linear de transformação progressiva da natureza, que está em sua base de produção material, no intuito de naturalizar a ordem social.

Há ainda uma ideia peculiar de Debord que merece ser ressaltada, outro sentido a ser extraído da expressão tempo-mercadoria que estabelece uma ponte entre as esferas da produção e do consumo. Segundo o autor, "o tempo que tem sua base na produção de mercadorias é, ele próprio, uma mercadoria consumível" (SdE, §151). Dessa forma, o tempo não seria apenas aquilo que permite mensurar a produção do valor, mas teria se transformado também em uma mercadoria que pode ser comercializada. Para explicar esse fenômeno, Debord opera um alargamento bastante livre de conceitos marxianos. Primeiramente, serve-se de citação de Marx, para quem um produto pode se converter em matéria-prima de um novo produto, a fim de justificar que o próprio tempo possa ser convertido em matéria-prima no âmbito da produção. Em segundo lugar, deve justificar a necessidade da mercadoria-tempo na esfera do consumo. Para tanto, apresenta um desenvolvimento histórico análogo àquele apresentado por Marx para explicar o surgimento do modo de produção capitalista. Assim como Marx propõe que foi necessário expropriar violentamente os homens de seus meios de produção, para que então se tornassem trabalhadores "livres", isto é, dispostos a vender sua força de trabalho em troca de sobrevivência como proletários integrados no processo de produção das mercadorias, Debord propõe que, para que existam "produtores e consumidores 'livres' do tempo-mercadoria, a pré-condição foi a *expropriação violenta de seu tempo*" (SdE, §159). Essa percepção extremamente interessante encontra confirmação nas pesquisas do historiador inglês E. P. Thompson (2005), que mostram como a constituição da indústria moderna passou pela contundente disciplinarização do tempo dos trabalhadores. Também Moishe Postone (2014) nota que o tempo abstrato, enquanto medida de tempo vazia e desvinculada da atividade concreta, longe de ser uma evidência, é uma realidade historicamente construída e pertencente à modernidade. O que é particular da percepção de Debord é notar, mais uma vez, a complementaridade entre produção e consumo, a sociedade do espetáculo aparecendo como desdobramento da sociedade industrial. A expropriação do tempo, outrora uma condição necessária à constituição do modo de produção capitalista, torna-se também a base para a constituição do tempo do consumo, ou melhor, do consumo do tempo.

Dessa forma, no setor mais avançado do capitalismo, marcado pela expansão da economia de serviços e divertimentos, Debord observa a aparição de um tipo de mercadoria espetacular que coloca à venda "blocos de tempo 'todos equipados'" (SdE, §152). A fórmula "com tudo incluso", tão comum em anúncios imobiliários ou turísticos, é disso sintomática. No consumo cultural, do mesmo modo, há uma reificação da própria sociabilidade: pode-se comprar "conversas apaixonantes" ou "encontros com personalidades". A própria experiência da existência do sujeito, na multiplicidade de suas relações com o mundo, é transformada em uma mercadoria cujo enquadramento é o bloco temporal. Um bloco de tempo fechado e pronto, como um "já vivido". Na contramão dos anseios surrealistas, busca-se excluir da existência todo o acaso. O campo de possibilidades se fecha sobre o sujeito, que é reduzido à impotência. O que a reificação do tempo opera é, portanto, uma inversão completa da utopia da situação construída — justamente pensada por Debord e seu grupo como um momento temporal de abertura de possibilidades novas para ação do sujeito.

Enfim, para concluir o estudo do conceito de tempo em Debord, é importante lembrar mais uma vez o movimento de deslocamento entre o geral e o particular presente em seu texto. O tempo espetacular, enquanto "tempo pseudocíclico consumível", pode ser compreendido tanto "como tempo do consumo das imagens, em sentido estrito", ou, de maneira mais geral, como "imagem do consumo do tempo, em toda sua extensão" (SdE, §153). O tempo do consumo das imagens não é outra coisa senão o tempo durante o qual literalmente consumimos imagens. Debord pensa certamente nos meios de comunicação de massa, sobretudo na televisão, razão pela qual diz que "o tempo do consumo das imagens [...] é inseparavelmente o campo onde se exercem plenamente os instrumentos do espetáculo" (SdE, §153). Também por essa razão diz que "os ganhos de tempo constantemente buscados pela sociedade moderna — quer se trate da velocidade dos transportes, quer se trate do uso de legumes em conserva — traduzem-se positivamente para a população dos Estados Unidos no fato de que a contemplação da televisão os ocupa em média de três a seis horas por dia" (SdE, §153).[14] O tempo liberado pelo progresso técnico é capturado pelo consumo de imagens. E esse tempo de consumo imagético é também, nota Debord, o "médium de todas as mercadorias". Vê-se aí uma referência clara à publicidade, mas que contém a ciência de que o valor da mercadoria, criado na produção, só se realiza na circulação.

A imagem social do consumo do tempo, por sua vez, é precisamente a publicidade dos lazeres, do consumo do tem-

---

[14] A fim de atualizar esse dado — já bastante impressionante para o final da década de 1960 —, seria preciso considerar, além da televisão, a variedade dos meios de consumo de imagens hoje disponíveis. Pode-se tomar como exemplo o Nielsen Total Audience Report [Relatório de público total da Nielsen], produzido por uma empresa que pesquisa, para fins comerciais, os hábitos de consumo, e que mensura ano a ano a evolução do consumo midiático da população estadunidense. Já há alguns anos esse relatório indica que o consumo midiático ocupa praticamente a integralidade do tempo de vigília da população adulta do país. No último relatório, publicado em 2020, o tempo total de consumo midiático atingiu 12h21 (sendo 1h39 para o rádio e todo o restante para as variadas telas, com destaque para 3h46 de navegação na internet em computadores, que dividiu a preferência com a ainda importante televisão, que ocupou 3h43 do dia dos estadunidenses). Seria necessário, é claro, fazer a ressalva de que se trata de uma relação distinta com o espetáculo, que não é apenas de consumo passivo de informação e entretenimento, uma vez que compreende agora também atividades produtivas, consumo interativo e relacionamento social. O relatório pode ser consultado em: https://www.nielsen.com/us/en/insights/report/2020/the-nielsen-total-audience-report-august-2020/.

po livre, imagem "dominada pelos momentos de lazer e de férias", "momentos representados à distância e desejáveis por postulado, como toda mercadoria espetacular" (SdE, §153). Mais ainda, "essa mercadoria é aqui explicitamente dada como o momento da vida real" (SdE, §153). Essa inversão é fundamental, pois significa que o trabalho não fornece mais a base da constituição identitária, é visto apenas como um meio para o consumo, e as férias, uma espécie de mal necessário. Subjaz a ideia propalada constantemente pela publicidade de que é no tempo livre que podemos ser nós mesmos. Contudo, como dissemos, o tempo livre já está reificado como mercadoria espetacular, como bloco de tempo fechado "com tudo incluso". Daí Debord poder afirmar que "aquilo que foi representado como vida real se revela simplesmente como a vida mais *realmente espetacular*" (SdE, §153). O tempo é esvaziado de seu valor de uso, e "a realidade do tempo [é] substituída pela *publicidade* do tempo" (SdE, §154).

De tudo isso, Debord conclui que "o espetáculo, como organização social presente da paralisia da história e da memória, do abandono da história erigida sobre a base do tempo histórico, é a falsa consciência do tempo" (SdE, §158). Isso é verdade em relação à organização social do tempo; a representação pseudocíclica do tempo social está em contradição com a reprodução material de estrutura linear. Mas, além disso, a falsa consciência do tempo toca também a experiência individual. Debord menciona, então, uma "vida individual que ainda não tem história": o "vivido individual da vida cotidiana separada permanece sem linguagem, sem conceito, sem acesso crítico a seu próprio passado que não está registrado em lugar algum" (SdE, §157). Em outras palavras, o vivido individual "não se comunica". E isso enquanto "os pseudoeventos que se apressam na dramatização espetacular não foram vividos por aqueles que deles são informados" (SdE, §157). Em resumo, enquanto as pessoas não possuem os meios de representar e comunicar seu vivido, consomem as imagens de uma vida que não é a delas, que conhecem apenas como representação. Seria necessário interrogar a validade dessa tese nos dias atuais, quando estão amplamente disponíveis os meios de representação e disseminação do vivido individual, fato revelado notadamente pelos conteúdos disseminados nas redes sociais. Antes disso, porém, é preciso notar que a ideia aqui exposta é complementar àquela apresentada na tese 60, na qual Debord, ao tratar da vedete, fala em "especialização do vivido aparente".

VIVIDO APARENTE

Atentar-se ao movimento constante do texto de Debord, passando do empírico ao conceitual, do particular ao mais geral, é fundamental não apenas para se ter uma compreensão precisa de sua teoria, mas também para se conceber a atualidade de seu pensamento. Por exemplo, alguns comentadores interpretam a expressão "monopólio da aparência" de maneira invertida, tomando a aparência por sujeito, em analogia ao espetáculo, como se a aparência detivesse o monopólio sobre a realidade. Na expressão de Debord, a aparência não é o sujeito, mas o objeto. Ela não monopoliza; é monopolizada. Lemos na tese 12: "A atitude que ele [o espetáculo] exige por princípio é essa aceitação passiva que na verdade já obteve por seu modo de aparecimento sem réplica, pelo seu monopólio da aparência" (SdE, §12). Assim, é o espetáculo que monopoliza a aparência enquanto sistema de representações socialmente produzidas que passam a intermediar o acesso ao real. Mas esse monopólio explica-se, aqui, por um traço empírico do espetáculo. Quando fala em aparecimento sem réplica, Debord pensa no aparato dos *mass media*, tal qual existia em 1967, dominado pelo sistema de *broadcasting*. Um único centro difundia um mesmo conteúdo para uma enormidade de receptores, produzindo um referencial cultural homogêneo; por isso as expressões comuns de "cultura de massas" ou "meios de comunicação de massa". Debord se recusa a aceitar que se trate efetivamente de meios de comunicação, pois emitem um monólogo sem resposta. É nesse sentido que afirma ser o espetáculo o "oposto do diálogo". Essa afirmação diz respeito também à dimensão empírica do espetáculo, indicando uma realidade banal: qualquer espectador que assiste a um programa televisivo permanece incapaz de reagir diretamente ao conteúdo que recebe. O monopólio da aparência aqui designado concerne, então, a esse período da história da mídia de massas, quando ainda existiam poucos canais de produção e transmissão de conteúdo. Um número proporcionalmente bastante reduzido de tele-emissoras, radioemissoras, jornais e revistas era responsável por produzir as imagens com as quais a sociedade representava a si mesma como um todo. Dadas as dificuldades técnicas e os altos custos necessários para a produção e a difusão de imagens, grupos e indivíduos exteriores ao domínio dos grandes conglomerados midiáticos tinham poucas possibilidades de intervir no âmbito da autocompreensão simbólica da sociedade. Por isso Debord procurou, na sua prática de cineasta de vanguarda, uma forma de driblar esse monopólio. Sua estética do desvio (*détournement*) propunha a criação de novos conjuntos simbólicos por meio da reutilização e da ressignificação dos produtos culturais já existentes.

 A diferença histórica entre a contemporaneidade e a época em que escreveu Guy Debord se evidencia precisamente pela ruptura desse estrito "monopólio da aparência". Se existe algo que nos afasta irremediavelmente da realidade conhecida por Debord é a facilidade com que se pode, no presente, produzir e difundir imagens. O avanço das mídias digitais tornou esses processos tecnicamente simples e economicamente pouco dispendiosos. O próprio trabalho do desvio, que Debord executou com tanta maestria em suas obras cinematográficas, recombinando um trabalho rebuscado de montagem de imagens publicitárias, emissões radiofônicas e clássicos do cinema, tornou-se hoje, de certa forma, uma prática comum.[15]

Abandonando a noção de monopólio da aparência, devemos reelaborar (e em certa medida aprofundar) a ideia do espetáculo como forma de mediação das relações sociais. "O espetáculo não é um conjunto de imagens, mas um conjunto de relações sociais mediadas por imagens" (SdE, §4). Pensando-se em dimensão empírica e historicamente específica, isso significa que a imagem é compreendida como uma mediação que se dá sob a forma da exterioridade. Quando Debord afirma que "o espetáculo reúne o separado, mas o reúne enquanto separado", ainda tem diante de si o modelo do *broadcasting*. Os milhões de espectadores que assistem a uma mesma transmissão estão em relação com o centro difusor do conteúdo. O consumo do mesmo programa oferece um referencial cultural comum que cumpre um papel no estabelecimento das relações sociais. Mas esses espectadores não estão em relação direta uns com os outros, tampouco possuem meios de intervir no processo social de simbolização. Hoje, pelo contrário, quando se evoca a tese 4 de *A sociedade do espetáculo*, pensa-se em um mundo no qual a mediação das novas tecnologias digitais permite que as pessoas estabeleçam inter-relações entre si. As imagens que medeiam essas relações não são mais simples exterioridades consumidas por espectadores passivos, mas objetos produzidos pelos próprios indivíduos e peças fundamentais nos processos de socialização e de simbolização identitária. Uma realidade, portanto, bastante diferente daquela que Debord teve diante de seus olhos em 1967.

Quereria isso dizer que a teoria de Debord está irremediavelmente superada, e não oferece mais um quadro categorial

---

[15] Analiso em detalhes a prática do desvio e a obra cinematográfica de Guy Debord no próximo volume. Por ora, é possível consultar meu texto "Détournement in Language and the Visual Arts", publicado na coletânea *The Situationist International: A Critical Handbook* (Hemmens & Zacarias, 2020).

útil à compreensão do presente? Pelo contrário. Em primeiro lugar, o fato de meios de produção de imagem estarem hoje disponíveis aos indivíduos não implica por si só uma superação da dimensão socialmente alienante do espetáculo. A problemática de origem marxista explicitada previamente não deve ser descartada. É necessário lembrar que a tese 4 está calcada sobre uma paráfrase de *O capital*, em que Marx indica que, na mediação da forma-mercadoria, o capitalismo, que "é apenas uma relação social determinada entre os próprios homens, assume, para eles, a forma fantasmagórica de uma relação entre coisas" (Marx, 2013, p. 206). Como explicitado acima a respeito do dinheiro (e voltarei a discutir mais adiante na parte final deste livro), o capitalismo é uma forma específica de constituição da sociedade, historicamente nova, que desfaz os elos sociais tradicionais e estabelece uma nova forma de ligação social pela mediação impessoal do mercado. Nesse novo contexto, cada qual ingressa na sociedade enquanto produtor individual e parcelar, contribuindo para o acúmulo de uma abstração (à qual está submetida a riqueza material concreta), e apenas pode exercer sua vida em sociedade (e ter acesso às parcelas da riqueza material) pela mediação do dinheiro. A sociedade do espetáculo desdobra-se com base nessa lógica, e agora são as imagens que vêm ocupar esse lugar de mediação dos vínculos sociais e constituir-se em meio para se ter acesso à vida em sociedade. A nova configuração do mundo digital apenas aprofunda essa lógica, na qual a separação fundante (isolamento imposto pelo modo de produção capitalista) tem sua contraparte na necessidade da mediação para recomposição de um âmbito de socialização pessoal e "direta". Trata-se, evidentemente, de um oximoro — relações diretas mediadas —, o que se explica pelo caráter paradoxal de base do capitalismo enquanto reunião do separado enquanto separado.

A impessoalidade do mercado sempre precisou ser escamoteada por aparentes pessoalidades e formas mediadas de pertencimento comunitário. Assim, por exemplo, o nacionalismo havia sido já um fenômeno tipicamente moderno, com o aparecimento de um novo meio de pertencimento coletivo mediado pelo Estado e efetivado via partilhamento simbólico oferecido pela literatura e pela imprensa. Não à toa, Benedict Anderson (2008) descreveu o nacionalismo como uma forma de "comunidade imaginada". O avanço da indústria cultural permitiu, porém, que novos meios de pertencimento coletivo, mesmo que mais brandos, viessem a se tecer em torno dos produtos culturais massivamente consumidos. Indivíduos passaram a se sentir pertencentes a coletividades imaginariamente constituídas em torno de clubes esportivos ou grupos musicais de predileção. O advento das novas mídias permitiu que esse pertencimento se materializasse na rede, deixando de ser uma simples adesão imaginária para se tornar um espaço possível de interação. De todo modo, persiste o fato de que essas coletividades são ainda uma forma de "comunidade espetacular", pois o pertencimento coletivo tem por base a identificação no âmbito da representação, e só é possível (e mesmo desejável) porque a separação de base da sociedade do valor permanece intocada.

Não é apenas no âmbito do pertencimento coletivo que as novas mídias aprofundaram a lógica do espetáculo. Um dos fenômenos mais prementes da sociedade contemporânea diz respeito justamente à exibição constante da vida privada. Na obra de Debord, há uma passagem especialmente profícua para a compreensão dessa realidade atual, e que foi até então negligenciada por aqueles que se referem episodicamente à sua teoria. Trata-se das teses relacionadas ao fenômeno das celebridades ou vedetes do espetáculo. Debord fala inicialmente de um "movimento geral de banalização", pensando na homogeneização da vida material sob a produção massificada no capitalismo — banalização que aparece, em compensação, como uma "multiplicação em aparência dos papéis e objetos que se pode escolher" (SdE, §59). Em seguida, afirma que:

concentrando em si a imagem de um papel possível, a vedete, representação espetacular do homem vivo, concentra, portanto, essa banalidade. A condição da vedete é a especialização do vivido aparente, o objeto de identificação da vida aparente sem profundidade, que deve compensar a fragmentação das especializações produtivas efetivamente vividas. (SdE, §60)

Segundo Debord, "as vedetes existem para figurar tipos variados de estilos de vida e de estilos de compreensão da sociedade, livres para se exercer *globalmente*" (SdE, §60). A representação desses estilos de vida serve para conformar ideologicamente os indivíduos. Debord antecipa um fenômeno que adquire importância central após o Maio de 1968, a saber, a mercadorização da revolta: "À aceitação beata daquilo que existe soma-se aqui a revolta puramente espetacular: o que traduz o simples fato de que a própria insatisfação pode se tornar uma mercadoria" (SdE, §59).

Para além dessa questão específica, o que nos parece aqui relevante é, sobretudo, a concepção ampla contida na ideia de especialização do vivido aparente. Em uma época em que alguns tentam explicar o sucesso das vedetes por seu talento (Morin, 1972, p. 71) ou pela semântica de seu rosto (Barthes, 1957, p. 65), Debord associa o vedetismo à crescente especialização das tarefas produtivas e à consequente fragmentação da vida social. Para ele, é o esvaziamento da vida cotidiana dos indivíduos — reduzida, no capitalismo, a uma longa jornada de trabalho determinada por uma atividade hiperespecializada — que está na base do aparecimento das celebridades.[16] O empobrecimento

---

16 Debord já formulava essa mesma ideia sem o léxico marxista em seu curta-metragem *Sur le passage de quelques personnes à travers une assez courte unité de temps* [Sobre a passagem de algumas pessoas por uma unidade de tempo bastante curta], de 1959: "Em última análise, não é nem o talento e nem a falta de talento, nem mesmo a indústria cinematográfica ou a publicidade que criam a estrela (*star*), mas a necessidade que temos dela. É a miséria

da vida cotidiana cria a demanda para o consumo passivo da representação de uma vida vivida por outro (e da qual gozariam os espectadores pela identificação). A suposta invasão de privacidade da qual padecem as estrelas do espetáculo não é um mero abuso. Na verdade, a função da vedete seria justamente a de encenar uma vida privada, uma extraordinária vida comum, mercadoria que vem preencher imaginariamente o vazio deixado pelo empobrecimento da experiência. Na especialização crescente da vida social, a própria vida aparente tem se especializado, tornando-se tarefa específica das vedetes. Estas não têm outra ocupação que não a encenação desse vivido aparente, que Debord designa como uma aparência "sem profundidade": sua aparência é sua essência. Mas ele nota também que os políticos passam a se apresentar, na sociedade do espetáculo, como "pseudovedetes". Embora sua "essência" — leia-se, sua função social — esteja na direção do Estado, eles também se veem cada vez mais obrigados a encenar uma vida privada a fim de cativar seus eleitores e legitimar seu poder.

Podemos propor que essa condição de pseudovedete se generalizou com o advento das novas mídias. Todos hoje parecem dedicados a constituir seu próprio vivido aparente. Não se trata, porém, de simbolizar o vivido, de elaborar a experiência — o que indicaria uma reconciliação entre as dimensões, outrora separadas, da experiência e da representação. Pelo contrário: trata-se, de fato, de uma prática dirigida pela lógica da representação como esfera autônoma, como uma dimensão particular da vida. A riqueza da vida virtual não tem relação direta com a vida concreta do sujeito, e o investimento crescente sobre o vivido aparente parece conservar a função de compensação. Não se trata de reiterar a crença banal de que todos "mentem" em suas vidas virtuais, e sim de compreender que, por trás desse chavão corri-

---

da necessidade, é a vida morna e anônima que gostaria de se expandir para as dimensões da vida do cinema. A vida imaginária da tela é o produto dessa necessidade real" (Debord, 2006 [1959], p. 482-3).

queiro, existe um fenômeno social verdadeiro, esse mesmo que Debord designou precisamente por especialização do vivido aparente. A partir daí, podemos também compreender melhor a fluidez identitária comumente atribuída à pós-modernidade e que se torna mais clara no âmbito desse campo representacional à parte. A transcendência desse campo aparente com relação à experiência possibilita aos sujeitos a constituição de novas práticas identitárias, permite-lhes experimentar concepções de si que vão além do campo identitário tradicional, aquele dado pelos espaços de disciplinamento do indivíduo descritos por Foucault, e que enquadravam a constituição da personalidade em noções identitárias ainda bastante rígidas.

Assim sendo, a atualização da teoria de Debord pode contribuir para a compreensão das novas formas de constituição identitária e de pertencimento coletivo. Longe de suplantar a transcendência da representação perante a experiência, as novas mídias teriam aprofundado a *separação* do espetáculo. Essa separação teria, porém, se alterado qualitativamente. Ela não operaria mais através do circuito espetacular clássico de consumo passivo e identificação imaginária. A separação do espetáculo estaria hoje materializada no espaço virtual das mídias digitais, constituindo uma nova esfera de sociabilidade. O "monopólio da aparência" chegou ao fim, mas a democratização da aparência — com a difusão dos meios de produção de imagem — teria resultado na generalização do "vivido aparente" como condição parcial da vida do indivíduo hipermoderno.

Tamanho crescimento dessa esfera separada — que hoje aparece como lugar de mediação dos mais diversos processos sociais, desde as atividades produtivas até os elos afetivos — nos faria questionar se ainda haveria algo fora dela. O pensamento de Debord caminha precisamente nesse sentido, levando a repensar a noção de separação em uma nova configuração histórica na qual o espetáculo tem, em certa medida, integrado a realidade, refazendo-a segundo seus próprios pressupostos. É o que veremos no capítulo seguinte.

— CAPÍTULO 2 —

Fim da separação: o espetacular integrado

—

> *A sociedade moderna que, até 1968, progredia de sucesso em sucesso, e tinha se convencido de que era amada, teve de renunciar desde então a tais sonhos; agora prefere ser temida. Ela sabe bem que "seu ar de inocência não retornará jamais".*
> — Guy Debord, *Comentários sobre a sociedade do espetáculo*, §xxx

UM NOVO CONCEITO: O ESPETACULAR INTEGRADO

Após *A sociedade do espetáculo*, Debord passou longo tempo sem retornar ao campo da elaboração teórica. O texto havia sido concebido como uma teoria revolucionária necessária para seu tempo; buscava dar uma expressão teórica para o anseio latente de transformação da sociedade, do qual há anos tratavam os situacionistas em artigos da revista *Internationale Situationniste*. Apenas alguns meses depois de sua aplicação, um levante tomaria Paris, impulsionado pela juventude estudantil e prolongado por trabalhadores em greve. A força da inspiração situacionista sobre o Maio de 1968 é inegável. Muitas das ideias situacionistas migrariam de suas publicações para as ruas da cidade. Como escreveria mais tarde Debord (2006 [1979]), raros livros têm a sorte de serem copiados nos muros.[17] Ao ver o destino prático que tomaram suas ideias, o autor provavelmente julgou desnecessário retornar à escrita teórica. Era como se sua aposta tivesse dado certo, e a revolução estivesse por se concretizar ao dobrar da esquina.

Vinte anos após o Maio de 1968, Debord decide por fim escrever uma nova reflexão teórica complementar ao livro de 1967. E constata, logo de saída, que "a mudança mais importante, em tudo que se passou nos últimos vinte anos, reside na própria continuidade do espetáculo" (CSDE, §III).[18] Duas décadas mais tarde, o autor se vê na obrigação de admitir que, se os levantes de 1968 marcaram uma revolta contra a ordem espetacular e um uso revolucionário de sua teoria, foram, contudo, incapazes de transformar a ordem social, e o espetáculo seguiu sua marcha de expansão e dominação da vida, num ritmo cada vez mais acelerado. "O sentimento vago de que se trata de uma invasão rápida, que obriga as pessoas a levarem uma vida muito diferente, tornou-se desde então amplamente partilhado" (CSDE, §II).

Apesar do tom claramente distinto desse novo livro, Debord em nada rejeita sua obra de 1967. Pelo contrário: insiste em que apenas com base no diagnóstico anterior pode-se compreender em quais sentidos se deslocou o espetáculo desde então. Assim, questiona: "Uma vez que o espetáculo, nos dias de hoje, está seguramente mais forte do que era antes, o que faz ele com essa

---

17 O livro de Debord não é o único escrito situacionista que influenciou diretamente esse movimento. Simultaneamente à publicação de *A sociedade do espetáculo*, Raoul Vaneigem, outro nome forte da IS, publica o livro *Traité de savoir vivre à l'usage de jeunes générations* (traduzido no Brasil como *A arte de viver para as novas gerações*), lançado pela prestigiosa editora Gallimard; ver Veneigem (1967 [2002]). Apregoando a revolução da vida cotidiana e defendendo a subjetividade radical, o livro está bem mais próximo do espírito de 1968 do que o de Debord.

18 As citações de *Comentários sobre a sociedade do espetáculo* (1988) estão referenciadas pela abreviação CSDE, acompanhadas do número da tese correspondente, independentemente da edição utilizada. [N.E.]

força suplementar? Até onde ele avançou, onde antes não estava?" (CSDE, §II). *A sociedade do espetáculo*, afirma, havia demonstrado aquilo que o espetáculo já era, essencialmente, em 1967: "o reino autocrático da economia mercantil tendo acedido ao estatuto de soberania irresponsável, e o conjunto de novas técnicas de governo que acompanham esse reino" (CSDE, §II). Não houve decerto alterações na forma de reprodução da vida material, com a perpetuação do capitalismo. Portanto, é para as técnicas de governo que aponta esse novo texto, e a principal transformação diz respeito à forma de poder:

> Em 1967, eu distinguia duas formas, sucessivas e rivais, de poder espetacular: a concentrada e a difusa. Uma e outra planavam sobre a sociedade real, como seu objetivo e sua mentira. A primeira, apresentando uma ideologia sintetizada em torno de uma personalidade ditatorial, tinha acompanhado a contrarrevolução totalitária, tanto a nazista quanto a stalinista. A outra, incitando os assalariados a operarem livremente suas escolhas, tinha representado a americanização do mundo, que assustava por certos aspectos, mas que também seduzia os países onde puderam se manter por mais tempo as condições das democracias burguesas de tipo tradicional. Uma terceira forma se constituiu, desde então, pela combinação arrazoada das duas precedentes, e sobre a base geral da vitória daquela que tinha se mostrado a mais forte, a forma difusa. Trata-se do *espetacular integrado*, que doravante tende a se impor mundialmente. (CSDE, §IV)

Como combinação dessas duas formas anteriormente opostas, o espetáculo integrado pode se manifestar ora como concentrado, ora como difuso, mas apresentando, todavia, diferenças em relação ao modo como tais formas se apresentavam no passado. Assim, "considerando-se o lado concentrado, o centro diretor tornou-se agora oculto: aí já não se coloca mais um chefe conhecido nem uma ideologia clara. E considerando-se o lado difuso, a influência espetacular não tinha jamais marcado a quase totalidade das condutas e dos objetos produzidos socialmente" (CSDE, §IV). Dado que o autor pretende tratar das transformações nas técnicas de governo, podemos nos permitir o empréstimo temporário de um léxico foucauldiano. Podemos dizer então que Debord designa, por um lado, uma transformação no poder soberano, a ocultação da subjetividade que encarna a delegação do poder; por outro, indica uma ampliação da eficácia de governo, que controla a economia e as populações, que tem força de produção de subjetividades. Olhando mais atentamente, porém, as transformações que Debord identifica na transformação do espetáculo difuso não se resumem ao problema da governamentalidade — fato compreensível se lembrarmos que o poder espetacular não se confunde nem com o Estado nem com uma rede de instituições, tratando-se de macro ou micropolítica. O espetáculo remete a uma relação com a representação, e é essa relação que parece se alterar aqui. Escreve o autor:

> Pois o sentido final do espetacular integrado é que ele se integrou à própria realidade na medida em que falava dela; e que a reconstruiu do mesmo modo que falava dela. De forma que agora essa realidade não aparece mais diante dele como algo estranho. [...] O espetáculo imiscui-se na realidade, irradiando-a. (CSDE, §IV)

Essa passagem indica uma transformação fundamental com relação à teoria exposta no livro de 1967. A teoria do espetáculo fundava-se em uma crítica da alienação, cujo pilar era a identificação da separação crescente entre o vivido e a representação. Vinte anos mais tarde, Debord aponta uma indistinção entre essas duas esferas. Não se trata, porém, de uma reconciliação da representação com o âmbito da experiência, como tanto almejou o autor em seu uso do desvio. Inversamente, o que ocorre aqui é uma imposição da representação sobre a realidade, quando esta passa a se constituir seguindo a lógica do espetáculo. O que se denuncia agora não é mais a representação parcial ou falseada da realidade, mas a produção concreta da realidade segundo os paradigmas da representação. O problema da adequação entre representação e mundo, que sempre orientou a busca filosófica da verdade, é então completamente subvertido. Se antes a verdade da representação era mensurada por sua adequação ao objeto, agora é o próprio mundo dos objetos que é produzido para adequar-se ao campo da representação. Não é difícil perceber a linha de continuidade com o triunfo do valor de troca sobre o valor de uso, outrora divisado na forma-mercadoria, que nada mais era do que a submissão das qualidades concretas do objeto ao paradigma abstrato e quantitativo do valor. Assim, relembra Debord, "como podíamos prever facilmente pela teoria, a experiência prática da satisfação sem freios das vontades da razão mercantil demonstrou rapidamente e sem exceções que o tornar-se mundo da falsificação era também um tornar-se falsificação do mundo" (CSDE, §IV). Não obstante, o grau de avanço dessa lógica de subsunção do concreto ao abstrato e suas consequências práticas de transformação da matéria não eram diretamente previsíveis:

> Excetuando-se uma herança ainda importante, mas destinada sempre a se reduzir, de livros e construções históricas — que de resto são, mais e mais frequentemente, selecionados e apresentados de acordo com as conveniências do espetáculo —, não existe mais nada, na cultura ou na natureza, que não tenha sido transformado e poluído de acordo com os meios e interesses da indústria moderna. A própria genética tornou-se plenamente acessível às forças dominantes da sociedade. (CSDE, §IV)

Para além das manifestações empíricas, não são poucas as consequências desse processo para a teoria crítica. Isso significa uma ruptura com a crítica da falsa consciência, central em *A sociedade do espetáculo* e em obras que a informaram, como os trabalhos de György Lukács e Joseph Gabel. Não se trata mais de uma apreensão incorreta dos processos sociais, tampouco de um falseamento ideológico da realidade. A falsidade do espetáculo agora funda a própria constituição concreta da matéria. O mundo é conformado à representação antes mesmo de ser representação. As cidades mortas, museificadas ao propósito do turismo — cujo meio de apreensão e circulação se dá sobretudo pela fotografia —, são disso exemplares: "é oportuno que a poluição causada pela circulação de automóveis obrigue a substituir por réplicas de plástico os *Cavalos de Marly* ou as estátuas românicas do pórtico de Saint-Trophime. Tudo será enfim mais belo do que antes, para ser fotografado pelos turistas".[19]

Cabe questionar se a contradição dialética entre vivido e representação ainda vigora. Enquanto havia distanciamento entre vivido e representação, o falseamento no âmbito da representação podia ser denunciado por meio do vivido, que permanecia como depositário de uma verdade. Essa verdade emergia da inadequação entre mundo e espetáculo. A oposi-

---

[19] Os *Cavalos de Marly* (*Chevaux de Marly*) são um par de esculturas equestres encomendadas por Luís XV para ornar a propriedade real em Marly-le-Roi. Foram esculpidas por Guillaume Coustou em blocos de mármore de Carrara entre 1743 e 1745. Pouco depois da Revolução Francesa, em 1789, foram transferidos para Paris, ocupando lugar de destaque na Place de la Concorde (outrora Place de la Révolution) por quase dois séculos. Em 1984, decidiu-se pela remoção das estátuas originais, recolhidas no interior do Museu do Louvre e substituídas por réplicas. Entre os motivos alegados para a remoção estavam o desgaste causado pelo tráfego de automóveis (a poluição) e ainda o efeito dos desfiles militares que ocorrem na Champs-Élysées todos os anos, em 14 de julho. O segundo monumento histórico ao qual se refere Debord nessa passagem é a Catedral de Saint-Trophime, igreja românica do século XII situada na cidade de Arles, ao sul da França (onde Debord também viveu). O pórtico principal da igreja passou por intenso processo de restauração entre os anos 1980 e 1990. Para que fique claro, em nenhum dos casos houve substituição por réplicas de plástico. Debord utiliza aqui uma hipérbole para marcar a lógica que ele acredita presidir esses restauros, quando se busca sobretudo aprimorar a aparência do monumento, em detrimento de suas marcas temporais ou mesmo de sua autenticidade.

ção não foi necessariamente abandonada, mas parece ter sido restringida. Antes, era todo um mundo objetivo que poderia negar a falsa universalidade do espetáculo — imposição ideológica de uma visão de mundo particular. Agora, com a falsificação da própria realidade, o vivido que aparece como oposição ao espetáculo é cada vez mais um vivido individual, é a experiência da subjetividade do próprio autor. Mas essa experiência particular, que se pretende como negação geral do espetáculo, carrega a marca da passagem do tempo. O desmentido que enuncia repousa em parte sobre o fato de ter conhecido um mundo no qual ainda não reinava o espetáculo. Daí resulta a sensação melancólica das últimas obras, como testemunhos de um tempo perdido.

A denúncia com base em um passado perdido é um *topos* comum da revolta romântica que acompanha o avanço da modernidade como uma sombra. O capitalismo avança sobre a realidade, com sua tempestade chamada progresso, transformando o mundo para satisfazer sua necessidade incessante de produção de valor. A tradição romântica é aquela que denuncia esse avanço. Debord enquadra-se nessa tradição — como notou Michael Löwy (2018) — e, por mais sombrio que possa parecer seu diagnóstico, não indica ainda um ponto-final. Cabe perguntar, então, o que esse novo texto proporciona no que diz respeito à apreensão crítica da realidade. Para responder a essa pergunta, é necessário prosseguir com a conceitualização do espetacular integrado: "A sociedade modernizada até o estágio do espetacular integrado se caracteriza pelo efeito combinado de cinco aspectos principais, que são: a renovação tecnológica incessante; a fusão econômico-estatal; o segredo generalizado; o falso sem réplicas; o presente perpétuo" (CSDE, §v). As duas primeiras características dizem respeito a processos que se aprofundaram, mas que antecedem o estado de dominação atual. O avanço tecnológico ganhou impulso decisivo após a Segunda Guerra Mundial e tornou a vida cotidiana cada vez mais dependente da tecnologia e daqueles que detêm sua reprodução. A fusão entre as esferas da economia e do Estado, já presente na base da formação capitalista, teria chegado a tal ponto que, como escreve Debord, "cada uma das duas possui a outra; é absurdo opor uma a outra, ou fazer uma distinção entre suas razões e desrazões" (CSDE, §v). Contumaz crítico do Estado enquanto poder separado, Debord se coloca aqui na contramão da esquerda tradicional, que, diante da ascensão do neoliberalismo, luta em prol do poder estatal, nostálgica do Estado-providência. A oposição entre Estado e economia, já equivocada por princípio dada a complementaridade real entre essas duas instâncias na reprodução de conjunto da sociedade capitalista, torna-se particularmente incongruente na fase de crise do capitalismo.[20]

Os outros três traços identificados por Debord seriam efeitos diretos da forma do espetacular integrado. Se o espetáculo significava um controle da aparência, uma regulação do que se pode dar a ver, parece uma consequência lógica que tenha se desdobrado igualmente no controle sobre aquilo que se oculta, que não pode ser mostrado, e que tem peso cada vez mais determinante na vida coletiva. De modo semelhante, se o espetáculo integrado é, como vimos, a fase em que o próprio mundo objetivo passa a ser alterado antecipadamente para se adequar às demandas do paradigma de representação, isso implica a perda progressiva da negatividade do campo dos objetos. Esse estado de falsificação generalizada encontra,

---

[20] Esse tema foi bem desenvolvido por Robert Kurz (1992), que demonstrou tanto a função cumprida pelos Estados no processo de modernização quanto suas novas funções após o colapso dessa mesma modernização. Uma vez que o capital perde sua substância com a crescente expulsão do trabalho vivo, a sobrevida da sociedade do valor se dá graças à produção de capital fictício, com a inflação de títulos mobiliários que encontram no Estado seu garantidor último. Tal questão se torna particularmente visível nos momentos de crise aguda em que os Estados são chamados a intervir como salvadores dos mercados e das instituições financeiras — exemplo mais recente é a crise causada pela covid-19 (Jappe *et al.*, 2020).

portanto, sua condição de possibilidade na unificação espetacular do mundo. Mais uma vez, o âmbito da conservação artística é usado como exemplo:

> O falso forma o gosto e sustenta o falso ao fazer conscientemente desaparecer a possibilidade de referência ao autêntico. Chega-se mesmo a *refazer* o verdadeiro, assim que possível, para que ele se pareça com o falso. Os norte-americanos, por serem os mais ricos e mais modernos, foram os mais tapeados nesse comércio das falsificações na arte. E são também eles que financiam as obras de restauração de Versalhes ou da Capela Sistina. Por isso os afrescos de Michelangelo terão as cores vivas das histórias em quadrinhos, e os móveis de Versalhes receberão o dourado brilhante que os tornará mais parecidos com o falso mobiliário de época Luís XIV, importado a altos custos para o Texas. (CSDE, §XVII)[21]

Finalmente, a última característica do espetacular integrado mencionada por Debord é a perpetuidade do presente. Seu exemplo inicial é o do enrijecimento da moda, outrora sintoma da passagem do tempo, mas que agora se resume a um conjunto tipificado de fórmulas prontas, de efeito comercial garantido e apresentado como falsas novidades. É como se o olhar arguto da moda sobre o tempo, do qual falara Walter Benjamin (1994, p. 230), houvesse sido finalmente derrotado pela "pedra da estereotipia" da indústria cultural, descrita por Theodor Adorno e Max Horkheimer. Afinal, "o que é sa-

---

[21] A observação de Debord está longe de ser um caso isolado. A restauração dos afrescos de Michelangelo, na Capela Sistina, cujo trabalho se iniciou em 1980 e perdurou até 1994, foi alvo de muita controvérsia e polêmica entre conservadores e historiadores da arte; ver, por exemplo, o artigo "Restauration and Meaning" [Restauração e significado], que Arthur Danto (2013, p. 53-75), reputado filósofo da arte, escreveu sobre o assunto, apresentando uma crítica incisiva do processo de restauração que passa justamente pelo problema das cores.

lutar é o que se repete, como os processos cíclicos da natureza e da indústria" (Adorno & Horkheimer, 1985, p. 139).

Mas a afirmação de um presente perpétuo possui implicações mais profundas, que indicam uma desarticulação na relação de temporalidades passadas e futuras, ou aquilo que Reinhart Koselleck (2006) chamou de espaço de experiência e horizonte de expectativas. Já tratei da reificação temporal da sociedade do espetáculo e de como esta implicava a redução do horizonte de expectativas. Agora, Debord indica a perda da articulação do presente com o espaço de experiência, insistindo sobre o apagamento crescente do conhecimento histórico. Esse processo pode ser compreendido em diferentes níveis — um deles é, novamente, como uma técnica de governo: "O primeiro intuito da dominação espetacular é fazer desaparecer o conhecimento histórico geral" (CSDE, §VI). Organiza, assim, "com maestria a ignorância dos acontecimentos" e, mais uma vez, produz o segredo, "o mais importante sendo o que mais se oculta" (CSDE, §VI). Herda e aprimora, com nova tecnologia, uma técnica que se manifestara anteriormente no espetacular concentrado, exemplificada pelas bem-conhecidas falsificações do passado recente operadas pela política stalinista. Essa perda de importância da história, contudo, pode ser compreendida também como consequência da relação com o presente, entendido como uma inflação de acontecimentos sem fixidez possível.

> O domínio da história era o memorável, a totalidade dos acontecimentos cujas consequências se manifestariam por muito tempo. Ela era o conhecimento que deveria durar e que, ao mesmo tempo, ajudaria a compreender, ao menos em parte, aquilo que aconteceria de novo: "uma aquisição para sempre", disse Tucídides. Por isso, a história era a medida da verdadeira novidade; e quem vende a novidade tem todo interesse em fazer desaparecer o meio de aferi-la.
>
> Quando o importante se faz reconhecer socialmente como aquilo que é instantâneo, e vai ser ainda no instante seguinte, diferente e igual, e que sempre substituirá outra importância

> instantânea, pode-se também dizer que o meio utilizado garante uma espécie de eternidade dessa não importância, que fala tão alto. (CSDE, §VI)

Nessa longa passagem, percebemos como o esvaziamento do sentido tradicional da história é uma consequência motivada pela inflação de acontecimentos do presente que vem obliterar a relação com o passado. Por um lado, em continuidade ao diagnóstico de 1967, há aqui a percepção do espetáculo como imposição de uma mediação privilegiada de conhecimento do mundo. Por outro, a perpetuidade do presente aqui indicada parece ampliar as dimensões do espetáculo, passando de simples mediação universalizada ao grau de quase falsa ontologia, como se fosse o único garantidor possível daquilo que é; confusão entre aparência e essência que se dá pela velocidade efêmera do próprio aparecer. "Aquilo de que o espetáculo deixa de falar por três dias é como algo que não existe. Pois ele fala então de outra coisa, e é, portanto, isso que, a partir daí, em suma, existe" (CSDE, §VII). Essa volatilidade do aparente no presente alargado nada mais é do que o giro incessante da produção espetacular acompanhando o giro incessante de reprodução do capital. O ritmo cada vez mais acelerado de seus ciclos não deixa margem para a fixação do memorável, empurrando a história para a "clandestinidade".

DEMOCRACIA

Não é apenas a história que conhece um ocaso na sociedade do espetáculo integrado. "Acreditava-se saber que a história tinha surgido na Grécia com a democracia. Podemos verificar que ela desaparece do mundo com ela", vaticina Debord (CSDE, §VI). Considerando-se que as principais alterações no avanço do espetáculo deram-se no âmbito das técnicas de governo, não é de se estranhar que o autor questione o estado atual da democracia. Em primeiro lugar, há uma perceptível disfunção da normatividade legal, uma vez que o Estado emprega, cada vez mais, práticas coercitivas criminosas que seu aparato judiciário falha em controlar. Debord descreve um quadro no qual as "execuções sumárias tornaram-se habituais", os assassinatos permanecem sem explicação e já não é mais possível sequer discernir de maneira clara a que interesses eles servem. "Fica difícil aplicar o princípio do *cui prodest?* [quem se beneficia?] num mundo onde tantos interesses poderosos estão bem escondidos. Sob o espetacular integrado, a pessoa vive e morre no ponto de convergência de inúmeros mistérios" (CSDE, §XVIII). Outrora, propõe o autor, os assassinatos desse tipo pertenciam ou ao submundo ou às altas intrigas palacianas. Hoje, esses dois mundos teriam se encontrado no ponto de união entre a máfia e o Estado:

> Quando se tenta explicar algo, é um engano opor a máfia ao Estado: nunca são rivais. A teoria verifica com facilidade o que todos os boatos da vida prática haviam demonstrado. A máfia não é estranha nesse meio; sente-se nele perfeitamente em casa. No momento do espetacular integrado, ela reina como *modelo* de todas as empresas comerciais avançadas. (CSDE, §XXIV)

Quando Debord preparou a versão cinematográfica de *A sociedade do espetáculo*, acreditando ainda que Maio de 1968 pudesse ser apenas o começo de uma revolução mais ampla, inseriu esta curiosa didascália em seu filme: "Essa paz social restabelecida com grande esforço havia durado poucos anos quando apareceram, para anunciar seu fim, aqueles que entrariam para a história do crime sob o nome de 'situacionistas'" (Debord, 2006 [1973], p. 1.252). Com efeito, os situacionistas reivindicavam uma posição marginal na sociedade e positivavam a própria ideia de criminalidade como forma radical de oposição à sociedade burguesa. Duas décadas mais tarde, essa posição parecia recuperada pela própria ordem espetacular:

> Sempre se aprende alguma coisa com o adversário. Parece que os homens do Estado também leram as observações do jovem Lukács a respeito dos conceitos de legalidade e ilegalidade, no momento em que eles tiveram de lidar com a passagem efêmera de uma nova geração da negação — como disse Homero, "uma geração de homens passa tão depressa quanto uma geração de folhas". Desde então, os homens do Estado deixaram, como nós, de se preocupar com qualquer espécie de ideologia sobre essa questão; é verdade que as práticas da sociedade espetacular já não favoreciam em nada ilusões ideológicas desse gênero. (CSDE, §XXVI)[22]

No intervalo de apenas uma geração, nos vinte anos que separam o levante de 1968 e a publicação dos *Comentários*, acredita Debord que a dominação espetacular teria recuperado para si o valor da ilegalidade. Em vez de insistir no valor ideológico da lei, colocado em questão pelos situacionistas e o movimento de Maio de 1968, teria optado por produzir uma indistinção entre a legalidade e a ilegalidade, a lei e seu exterior. O uso de práticas criminosas, como as execuções sumárias e o emprego da máfia como instrumento de Estado, seria um exemplo disso. Mais uma vez, indo além do puramente descritivo, podemos identificar aqui um movimento mais complexo em direção a uma percepção análoga àquela elaborada pouco depois pelo filósofo italiano Giorgio Agamben — ele mesmo próximo de Guy Debord —, a saber: de que a lei se efetiva por meio de sua negação, e de que a exceção é componente da norma. Não à toa, por essa época, ganha proeminência no pensamento de Debord uma reflexão sobre o terrorismo. Desde o atentado de Piazza Fontana, em 1969, a seção italiana da IS passou a denunciar a manipulação estatal

---

[22] Debord faz referência ao texto de Lukács "Legalidade e ilegalidade", em *História e consciência de classe*, no qual o filósofo húngaro faz uma crítica ao "romantismo da ilegalidade" no movimento revolucionário (Lukács, 2003, p. 465-87).

do terrorismo.[23] Alguns anos mais tarde, quando do célebre sequestro e assassinato do presidente da Democracia Cristã, Aldo Moro, por parte das Brigadas Vermelhas, Debord solicitaria a seu parceiro italiano, o ex-situacionista Gianfranco Sanguinetti, que publicasse um texto denunciando a farsa do sequestro de Moro e o fato de seu assassinato servir apenas às forças conservadoras e ao recrudescimento da repressão estatal.[24] Nos *Comentários*, Debord não hesita em atribuir o assassinato de Moro à *loggia* Propaganda Due (P2), organização secreta presente no Estado italiano e que congregava membros da alta esfera política, incluindo a "corrente" da Democracia Cristã que detinha o poder sob os auspícios de Giulio Andreotti, conforme revelariam investigações na década de 1990.

---

[23] Em 12 de dezembro de 1969, uma bomba explodiu no Banco Nacional Agrícola, em Piazza Fontana, Milão. A explosão foi seguida por outras na mesma cidade e também em Roma. Três dias depois, a seção italiana da IS, que contava, entre seus membros, com Gianfranco Sanguinetti, Paolo Salvadori, Claudio Pavan e Eduardo Rothe, publicou o texto "Il Reichstag brucia?" [O Reichstag está em chamas?], denunciando o acontecido como uma farsa para justificar o recrudescimento da repressão policial contra os movimentos de esquerda e de extrema esquerda — o que de fato aconteceu, obrigando os autores situacionistas a se refugiarem na França. Com o passar do tempo, ficou provado que esses ataques — assim como tantos outros que marcariam os anos de chumbo na Itália — tinham sido preparados por grupos de extrema direita em ligação com setores do Estado.

[24] A hesitação de Sanguinetti em publicar prontamente o texto acabou sendo uma das causas da ruptura entre ele e Debord. A importância do tema para Debord pode ser acompanhada em sua correspondência da época, não apenas com Sanguinetti mas também com Paolo Salvadori (Debord, 2005). Debord mencionaria o tema em seu novo "Préface à la quatrième édition italienne de *La société du spectacle*" [Prefácio à quarta edição italiana de *A sociedade do espetáculo*], escrito em 1979, para a tradução feita por Salvadori (Debord, 2006 [1979]). Pouco depois, porém, Sanguinetti publicaria uma extensa reflexão sobre a instrumentalização do terrorismo pelo Estado na obra *Del Terrorismo e dello Stato* [Do terror e do Estado] (Sanguinetti, 1979).

As observações de Debord sobre o segredo no espetacular integrado, suas "redes de promoção e proteção", o encontro entre máfia e Estado ou ainda o uso do terrorismo devem-se muito à experiência histórica dos anos de chumbo na Itália, país onde o autor viveu e atuou durante boa parte desse período. Não obstante, suas observações podem indicar também movimentos mais gerais. Retomando o fio proposto há pouco, e deixando de lado as particularidades da história italiana, sua análise do terrorismo indica uma técnica de governo ainda atual. Debord nota que a democracia realmente existente, que aparece com a derrocada do regime soviético como a melhor forma de governo, retira sua legitimidade não das vantagens que oferece aos governados, mas da fabricação de um inimigo irracional e ameaçador, que dá a ela a aparência de ser a única forma possível de organização política.

> Essa democracia tão perfeita fabrica seu inconcebível inimigo, o terrorismo. De fato, ela prefere ser julgada a partir de seus inimigos e não a partir de seus resultados. A história do terrorismo foi escrita pelo Estado; logo, é educativa. As populações espectadoras não podem saber tudo a respeito do terrorismo, mas podem saber o suficiente para serem convencidas de que, em relação a esse terrorismo, tudo mais deve lhes parecer aceitável ou, no mínimo, mais racional e democrático. (CSDE, §IX)

Que o terrorismo cumpra ainda hoje esse papel, não há como duvidar. Mais ainda, os ataques terroristas passaram a servir de legitimadores para uma ação que ultrapassa as fronteiras nacionais. Quando os Estados Unidos foram atacados em 11 de setembro de 2001, seu impopular presidente falava já de um "eixo do mal", buscando a todo custo recuperar a ideia de um inimigo externo, perdida com o fim da Guerra Fria. Após os ataques, não apenas conseguiu recuperar sua imagem perante o eleitorado estadunidense, que o reelegeu, mas conseguiu sobretudo lançar uma nova fase de intervenção militar no Oriente Médio, invadindo sucessivamente o Afeganistão, suposto mandante dos ataques, e o Iraque, que nada tinha a ver com a investida, mas alegadamente detinha armas de destruição em massa — alegação falsa, como depois se demonstrou. A impossibilidade de verificação do falso e de contestação da mentira, característica do espetacular integrado, cumpriu um papel fundamental na escalada de George W. Bush, que baseou suas empreitadas em sucessivas falsidades. Quando uma mentira se fazia pressentir, lançava-se outra, e assim por diante. Os interesses mafiosos estavam, decerto, presentes, como revelam os altos lucros de empresas armamentistas e empresas terceirizadas de mercenários, que tinham seus lobistas e diretores dentro do próprio governo. A imbecilidade dos governantes na era do espetacular integrado também se fez sentir. A intervenção militar foi desastrosa em todos os aspectos, não apenas para o exército estadunidense, que se viu estrategicamente desorientado em cenários de guerrilha urbana; foi desastrosa, sobretudo, para a região, que teve seu equilíbrio geopolítico desfeito, gerando novos confrontos locais e uma crise de emigração que afetou a Europa de forma duradoura com a chegada de contingentes massivos de refugiados. Ensejou também novas organizações terroristas, como o Estado Islâmico, com pretensões territoriais na região e ações terroristas fora dela — desastre absoluto, mas que cumpriu, de certa forma, as pretensões de Bush. Para iniciar, como queria ele, uma guerra mundial ao terror — ou uma guerra cosmopolita, como a chamou Paulo Arantes (2007, p. 31-135) —, era necessário criar um terrorismo em escala global.

Isso significou também, portanto, um ensaio de Estado de exceção em escala planetária. Não à toa ganharam proeminência nessa época os escritos de Agamben sobre o tema (e, em virtude desse contexto, o próprio filósofo abandonou os Estados Unidos, onde trabalhava). Relacionados os três pontos indicados por Debord — a generalização do regime democrático, o terrorismo como legitimação desse regime e a crescente indistinção entre legalidade e ilegalidade —, é possível perceber quão próximo ele já se encontrava desse mesmo diagnóstico.

VIGILÂNCIA

Outra marca desse período italiano presente na reflexão de Debord, e igualmente relacionada ao aumento de uma normatização de procedimentos de exceção, diz respeito aos crescentes aparatos de vigilância. Debord fala de uma "vigilância que vigia a si própria e que conspira contra si própria" (CSDE, §XXX). Retrato do controle na era da desregulamentação neoliberal, multiplicam-se mecanismos e redes de vigilância não apenas nas esferas estatais, mas também privadas. Por toda parte, há redes de controle que se entrechocam a serviço de variados e contraditórios interesses. O quadro pintado por Debord se torna ainda mais palpável hoje, quando a massa de informações pessoais não precisa mais ser obtida por instrumentos sorrateiros de escuta e observação. Pelo contrário, ela é oferecida voluntariamente pelos vigiados em aplicativos e redes sociais, como moeda de troca para divertimentos virtuais e consumos em liquidação. No espetáculo integrado, a especialização generalizada do vivido aparente sobrepõe-se à conformação das redes de controle. Debord dizia já em 1988 que a massa de informações obtidas pelos vigilantes sobre os vigiados era demasiado grande para que pudesse ser processada. O volume de informações é certamente maior hoje em dia, produzido em tempo real por cada indivíduo. Por outro lado, essas informações são mais facilmente processáveis e encontráveis nas bases de dados dos computadores atuais, parte delas sendo rapidamente sistematizada graças a robôs e algoritmos. A vigilância atual, informada por dados de geolocalização, reconhecimentos faciais e preferências de consumo, compõe um mapa que recobre inteiramente seu território.

Em sua descrição do crescimento desmesurado do aparato de vigilância, Debord parece conservar ainda certo otimismo, por falta de melhor palavra. O autor vê nesse aparato uma contradição interna, indicativa de uma "tendência de rentabilidade decrescente do controle" (CSDE, §XXX). A ausência de centro e coordenação e a competição constante entre diferentes interesses em sabotagem mútua, somadas à incapacidade de tratamento da massa excessiva de informação, aparecem ainda como fragilidades que correm internamente ao próprio aparato de controle. Em perspectiva menos otimista, Anselm Jappe apresenta uma questão inquietante. Ao notar que, nas décadas que nos separam da escrita dos *Comentários*, erigiu-se "um arsenal de vigilância e de repressão que supera tudo o que já se viu, mesmo à época dos Estados ditos 'totalitários'", o autor pergunta:

> Já imaginamos o que teria acontecido se os nazistas e seus aliados tivessem à disposição os mesmos instrumentos de vigilância e de repressão das democracias de hoje? Entre as câmeras de vigilância e pulseiras eletrônicas, amostras de DNA e controle de todas as comunicações escritas e verbais, nenhum judeu ou cigano teria escapado, nenhuma resistência teria podido nascer, todo fugitivo de um campo de concentração teria sido recapturado imediatamente. O Estado democrático atual está muito mais equipado do que os Estados totalitários de outrora para fazer o mal, para perseguir de perto e eliminar tudo o que possa fazer-lhe frente. Aparentemente, ele ainda não tem a vontade de fazer desses equipamentos o mesmo uso que seus antecessores; mas, e amanhã? (Jappe, 2013, p. 73)

Uma passagem dos *Comentários* é particularmente intrigante à luz do presente. Debord fala do recente desenvolvimento de uma "crítica social *domesticada* [*d'élevage*]", que apresenta, "no mais das vezes, um discurso genérico sobre aquilo que é escondido pela mídia" (CSDE, §XXVIII). São textos "anônimos ou assinados por desconhecidos", e que têm sua legitimidade reforçada justamente por não serem de autoria de personalidades do espetáculo, "tática aliás facilitada pelo fato de que os bufões do espetáculo concentram os conhecimentos de todos, o que faz com que os desconhecidos pareçam mais estimáveis" (CSDE, §XXVIII). O autor chega ainda a dizer que "os temas e as palavras são selecionados de modo artificial, com ajuda de computadores" (CSDE, §XXVIII). Em 1967, Debord denunciava a pseudocrítica espetacular, isto é, críticas parciais enunciadas no interior do espetáculo, mas que não questionavam a lógica estruturante da totalidade. Agora, refere-se ao surgimento de uma falsa crítica exterior ao espetáculo. Essa "crítica lateral", que não revela a que lugar pertence nem para que sentido aponta, serve à manutenção da dominação espetacular, ao mesmo tempo que pretende revelar os segredos escondidos pela mídia. Retomada do ponto de vista do presente, essa passagem parece adquirir grande atualidade. São impressionantes as semelhanças entre o fenômeno aqui descrito e o uso reacionário feito hoje das redes sociais. A difusão de mentiras, a difamação e a propagação de ressentimento por meio de instrumentos como Facebook, Twitter e WhatsApp estão na ordem do dia das estratégias da extrema direita em ascensão. Tanto mais se considerarmos que, "a essa espécie de falsa crítica contrajornalística, pode se juntar a prática organizada do *boato*" (CSDE, §XXVIII).

Essa passagem pode parecer enigmática, com seu caráter premonitório, anunciando um estado de coisas que não era tecnologicamente presente à época da redação do livro.

Contudo, permanece como lógica de fundo desse processo um movimento já divisável desde o diagnóstico apresentado em 1967. A alienação da representação, que conforma a sociedade do espetáculo, tem como seu reverso o ressentimento com a própria representação. A organização do boato, que vemos agora em pleno vapor, tira sua força do fato de que o boato "é originalmente um tipo de contrapartida selvagem da informação espetacular, uma vez que todos pressentem, ao menos de maneira vaga, o caráter enganador desta e, portanto, o pouco de confiança que merece" (CSDE, §XXVIII). Partindo dessa perda de fiabilidade, os boatos servem, porém, para reiterar a lógica alienante da sociedade do espetáculo. Os diferentes conteúdos em circulação massiva na esfera virtual têm a característica comum de oferecer a sensação ilusória de potência por meio da punição de bodes expiatórios e da vingança sobre minorias, consolando o espectador em sua passividade. O retorno cíclico do fascismo encontra na alienação espetacular sua fonte inesgotável.

ESPECIALISTA

Perante a produção massiva da mentira, não bastaria amplificar as vozes daqueles ainda capazes de discernir entre o verdadeiro e o falso? Essa tem sido a reação de muitos em relação à crise política resultante da crise da verdade. Lógica semelhante parecia guiar a reflexão de Theodor W. Adorno em texto mais tardio, "Culture and Administration" [Cultura e administração] (1991 [1960]), no qual tentava encontrar, na figura do especialista, os fundamentos de uma possibilidade positiva. Rompendo com uma oposição estanque entre cultura e administração, Adorno, como exímio pensador dialético, sublinhava o que de administração já estava contido na cultura, e o que de cultura subsistia na administração. Da impessoalidade administrativa, compreendida em sentido weberiano, restava uma condição positiva na sua proteção diante dos imperativos econômicos dominantes no capitalismo. Isso assegurava a existência do especialista, figura dotada de competência genuína por ser desinteressada, garantindo, por consequência, a permanência e a transmissão do saber.

Em Debord não encontramos nada similar. Se já à época de *A sociedade do espetáculo* o autor se mostrava um crítico da especialização, à época dos *Comentários* uma aposta positiva semelhante àquela de Adorno pareceria impossível pelo simples fato de não haver mais esferas da vida que não tivessem sido colonizadas pela lógica da mercadoria. Sua visão da figura do especialista é, portanto, devastadora. "O especialista que melhor serve é, claro, aquele que mente. Aqueles que necessitam do especialista são, por motivos distintos, o falsificador e o ignorante. Quando o indivíduo não reconhece mais nada por conta própria, ele tem necessidade do especialista" (CSDE, §VII). Notamos novamente a falência do juízo, que aparece aqui ausente da capacidade de compreensão do mundo sensível. A filosofia kantiana havia proposto uma concepção de sujeito dotada de *a priori* transcendentais que determinavam as possibilidades de apreensão do mundo sensível, permitindo a transformação da experiência imediata em conhecimento. Adorno e Horkheimer propuseram que o esquematismo cognitivo imaginado por Kant como atributo fundante do sujeito na sua relação com os dados imediatos teria sido usurpado pela indústria. Apresentando o mundo objetivo sob a forma do catálogo de vendas, a indústria cultural oferecia uma forma exterior e previamente preparada de subsunção da diversidade da experiência a categorias fixas.[25] De fato, como nota Debord pouco mais tarde, o mundo sensível havia sido substi-

---

[25] "A função que o esquematismo kantiano ainda atribuía ao sujeito, a saber, referir de antemão a multiplicidade sensível aos conceitos fundamentais, é tomada do sujeito pela indústria. O esquematismo é o primeiro serviço prestado por ela ao cliente. Na alma devia atuar um mecanismo secreto destinado

tuído por um conjunto de imagens suprassensíveis que se fazia reconhecer como o sensível por excelência. A sociedade do espetáculo significava a generalização de um conjunto socialmente produzido de imagens que se tornava a mediação principal de acesso ao mundo. Invertendo a relação filosófica tradicional que propunha a especulação como uma tradução da experiência sensível em representações — representações mentais, perante o olho da consciência —, o próprio mundo sensível passa a ser conhecido por um conjunto de imagens objetivadas. Esse era o diagnóstico de 1967, e de lá já aparecia uma primeira dificuldade do indivíduo de reconhecer as qualidades concretas do mundo, por conta da perda da experiência direta. A mesma percepção foi ainda reiterada no texto de 1988: "no plano das técnicas, a imagem construída e escolhida por outra pessoa se tornou a principal ligação do indivíduo com o mundo que, antes, ele olhava por si mesmo, de cada lugar aonde pudesse ir" (CSDE, §X).

Entretanto, vimos que há um componente novo na crítica exposta nos *Comentários*, que diz respeito ao caráter de alteração da própria realidade no espetacular integrado. Por isso Debord afirma que o especialista serve ao falsificador e ao ignorante; este remete ao consumidor, que só conhece o mundo por mediações; aquele remete ao produtor, que falsifica seu produto a fim de lhe assegurar o sucesso no mercado. Como vimos, a ideia central dos *Comentários* é que o próprio mundo material passa a ser adulterado segundo os preceitos do espetáculo. Em outras palavras, o mundo sensível é alterado de antemão para se adequar ao campo das imagens objetivadas. O triunfo do valor de troca sobre o valor de uso pressupõe que o aspecto concreto dos objetos se dobre ao aspecto abstrato. O valor de uso revela-se agora ser

---

a preparar os dados imediatos de modo a se ajustarem ao sistema da razão pura. Mas o segredo está hoje decifrado" (Adorno & Horkheimer, 1985, p. 117).

totalmente o que sempre foi parcialmente: o suporte necessário do valor de troca. A utilidade da mercadoria serve apenas para garantir sua venda no mercado — uma vez que, sem venda, não há realização do valor. Assim, sua dimensão material pode ser livremente adulterada com esse intuito. É nesse sentido que a crítica ao especialista é atualizada. Ele é o mediador desse processo, aquele que auxilia na passagem entre a falsificação na produção e a aceitação no mercado. Peça integrante do ciclo de realização do mais-valor, já não pode apresentar aquela competência ainda apontada por Adorno, pois ela residia em sua independência perante os interesses mercantis.

> Outrora era normal que houvesse especialistas em arte etrusca, e eles eram ainda competentes, porque a arte etrusca não estava no mercado. Mas, por exemplo, uma época que julga rentável falsificar quimicamente diversos vinhos célebres apenas poderá vendê-los se tiver formado especialistas em vinho que levarão as *caves* a gostar de seus novos aromas, sempre mais reconhecíveis. (CSDE, §VII)

FALSIFICAÇÃO ALIMENTAR

A falsificação operada pelo emprego da química na indústria de alimentos era um dos exemplos prediletos de Debord para indicar a falsificação efetiva da realidade no espetacular integrado. Em um verbete escrito em 1985 para a publicação da *Encyclopédie des nuisances* [Enciclopédia dos incômodos], intitulado "Abat-faim" [Enganar a fome], Debord fala mais detalhadamente de inúmeros exemplos de falsificação alimentar, apoiando-se em matérias de jornais e revistas que louvavam os "progressos" industriais do setor. Invenções como as "carnes reestruturadas", que combinavam pedaços triturados de carne em formas imitativas dos cortes tradicionais, "camarões" montados com restos de peixes e outros tantos produtos substitutivos, *Ersätze* produzidos pelo capitalismo avançado, vinham exemplificar a subsunção do qualitativo sob o triunfo do valor abstrato.

Isso nos ajuda a entender a especificidade do espetáculo integrado. Diferentemente da forma publicitária tradicional, que apresenta uma imagem edulcorada do objeto que quer vender, o que vimos com o avanço da moderna indústria alimentar foi a falsificação do próprio objeto, que já não corresponde inteiramente ao seu nome — basta olhar os descritivos de componentes de qualquer alimento para comprová-lo. Um suco de uma determinada fruta pode não conter mais do que um aromatizante dessa fruta, e sua coloração pode ser inteiramente produzida por corantes artificiais. O impulso do mercado de orgânicos hoje em voga é uma reação ao estado de coisas descrito por Debord ao findar dos anos 1980. Agora devemos pagar mais caro por determinadas mercadorias apenas para ter certeza de que elas são o que dizem ser, ou que ao menos se assemelham àquilo que costumavam ser. Que um suco de laranja seja feito com laranjas já é o bastante para destacar o produto na prateleira. Na sociedade do espetáculo integrado, a obviedade tornou-se notável.

Esse processo deve, de resto, ser compreendido como parte do processo de expansão global do capitalismo. O exemplo do vinho, que aparece na última passagem citada, pode ser ainda melhor compreendido por uma perspectiva periférica. A expansão planetária do capitalismo levou para novas regiões do globo produtos da cultura europeia. Popular na Europa, o vinho tornou-se artigo de luxo em outros continentes. A ausência de uma tradição popular vinculada à produção e ao consumo de vinho tornou o produto particularmente passível de mistificação fora do velho continente. O novo mercado dessa bebida, impulsionado com a constituição de zonas de produção em larga escala sobretudo nas Américas, além da África do Sul e da Austrália, estimulou um correspondente mercado de especialistas.

Tudo isso equivale a uma perda do gosto. Se falamos de uma crise do sujeito kantiano, devem ser consideradas igualmente em crise todas as suas faculdades de julgar. A crise do gosto, no sentido estético, era já indicada nas passagens em que Debord questionava a lógica espetacular de grandes restauros artísticos, como o da Capela Sistina ou do Palácio de Versalhes. Aqui, porém, encontramos a falência do gosto em seu âmbito sensorial, consequência da perda de acesso ao mundo sensível ou a um campo objetivo não modificado pela lógica de abstratificação da mercadoria. A perda do gosto vem completar a falência completa do sujeito, desprovido de toda capacidade autônoma de julgar. "Para o eleitor que tem carro e vê televisão, o gosto, seja ele qual for, já não tem a menor importância: é por isso que o podem mandar comer Findus ou votar Fabius, tragar Fabius ou eleger Findus" (Debord, 2006 [1985], p. 1.583).[26]

FIM DA LÓGICA E ECLIPSE DA RAZÃO

Considerando-se tudo aquilo que vimos até aqui, podemos dizer enfim que *Comentários sobre a sociedade do espetáculo* trata, a seu modo, da falência do projeto iluminista. O livro pode ser aproximado de obras como *Dialética do esclarecimento*, de

---

[26] O trocadilho com o nome da empresa de congelados, Findus, e do então primeiro ministro, Laurent Fabius, conecta os diferentes âmbitos de alienação da vida cotidiana, da alimentação à política. Para mostrar a atualidade do tema, assim como a longevidade do trocadilho, basta lembrar que a empresa protagonizou um escândalo em 2013, quando foi comprovada a presença não declarada de carne de cavalo em suas lasanhas congeladas. Na mesma época, Laurent Fabius também continuava no mercado da política espetacular, sendo então ministro das Relações Exteriores do governo de François Hollande.

Adorno e Horkheimer, ou *O homem unidimensional*, de Herbert Marcuse, talvez até mais do que *A sociedade do espetáculo*, e isso a despeito da maior distância cronológica. Acontece que os *Comentários* são, como os trabalhos mencionados dos autores frankfurtianos, uma reflexão crítica sobre os efeitos reversos do progresso da razão. O avanço da dominação da natureza, o progresso técnico que emancipou as sociedades das contingências materiais mais básicas, não teria redundado na tão sonhada emancipação do gênero humano. Esse diagnóstico já estava decerto presente na obra de 1967, o que se expressava por meio da crítica da alienação, bem resumida na expressão dialética "abundância da despossessão", isto é, a abundância material advinda do progresso técnico resultava no esvaziamento crescente da experiência vivida, retornando como puro consumo espetacular. Não obstante, da crítica debordiana resultava uma crença revolucionária que carregava ainda as marcas da aposta no esclarecimento, herdada em parte da tradição marxista que postulava como momento fundamental do projeto revolucionário a tomada de consciência por parte da classe oprimida. Nessa proposta de um sujeito coletivo oprimido que deve tomar consciência de sua situação de inferioridade para então assumir as rédeas da transformação social, ocorre uma hipóstase da subjetividade autônoma que deve romper seu estado de minoridade. Mais do que isso, no caso da proposta advogada por Debord, a dos conselhos operários (que discutirei na segunda parte deste livro), as duas versões se confundem — a propriamente marxista, do sujeito histórico, e a propriamente kantiana, dos sujeitos autônomos. Afinal, a proposta conselhista recupera a crença no uso público da razão como via privilegiada de estabelecimento da verdade e encaminhamento das ações, circunscrevendo-a no interior de uma mesma classe, que compõe o sujeito coletivo ou sujeito histórico. Essa versão da via emancipatória coaduna-se especialmente bem com a crítica do espetáculo, pois, enquanto representação separada, o espetáculo era percebido como uma forma de alienação da linguagem. Assim, nos conselhos, espaço de discussão e decisão da vida em comum, haveria reapropriação da linguagem alienada; representação e experiência seriam reconciliadas ali, porque aquilo de que se fala reencontraria aquilo sobre o que se fala. A aposta incidia então sobre o uso da razão, o uso consciente da palavra por parte de sujeitos autônomos, capazes de sustentar suas posições e convergir em decisões coletivas por meio da dialogia. Vista por esse prisma, a proposta conselhista talvez seja a versão mais propriamente iluminista de todas as teorias revolucionárias que ensejou o marxismo.

Em 1988, Debord parece descrente de uma saída nesses moldes, justamente porque aponta a inversão do progresso da razão. De maneira semelhante ao que vemos no pensamento da Escola de Frankfurt, a razão ocidental aparece desvirtuada em razão técnica ou razão instrumental. Ela satisfaz apenas a demanda parcial de dominação material da natureza — logo pervertida em destruição ecológica —, mostrando-se incapaz de satisfazer as demandas profundas de emancipação do gênero humano. Adorno afirmou que a indústria cultural havia realizado maldosamente a ideia filosófica de uma essência genérica do homem por meio da homogeneização de comportamentos e expressões culturais.[27] Debord fala agora em completo desaparecimento da personalidade, notando os efeitos de dessubjetivação da sociedade do espetáculo. Essa dessubjetivação pode ser compreendida na chave da minoridade kantiana. Afinal, é na direção do principal conceito estruturador da crítica de Kant que aponta o diagnóstico de Debord. O que desaparece na sociedade do espetáculo integrado é a capacidade de julgar. Essa perda do juízo equivale ao esfacelamento do sujeito, o que se manifesta também no esfacela-

---

27 "A indústria cultural realizou maldosamente o homem como ser genérico. Cada um é tão somente aquilo mediante o que pode substituir todos os outros: ele é fungível, um mero exemplar" (Adorno & Horkheimer, 1985, p. 136).

mento de sua linguagem: por um lado, empobrecimento da língua, redução do vocabulário — questão que muito ocupou Debord no final da vida;[28] por outro, desestruturação da linguagem, isto é, perda da estrutura lógica que coordenava as possibilidades comunicativas. Para ele, o espetáculo integrado é marcado pelo fim da lógica, o que aparece como consequência daquela alienação da linguagem já apontada em 1967: "No âmbito dos meios de pensamento das populações contemporâneas, a primeira causa da decadência remete claramente ao fato de que todo discurso apresentado no espetáculo não deixa espaço algum à resposta; e a lógica só havia se formado socialmente no diálogo" (CSDE, §x).

Ainda que o espetáculo tenha se transformado e que seus meios hoje permitam uma espécie de diálogo, a crítica aqui exposta do falimento da lógica talvez ajude a entender por que a interação nas redes não equivale automaticamente à constituição de uma nova esfera pública. Há uma razão simples, já apontada por Debord na passagem sucessiva: "quando se difundiu o respeito por aqueles que falam no espetáculo, que são tidos por importantes, ricos, prestigiosos, *a própria autoridade*, a tendência se difunde também entre os espectadores de querer ser tão ilógicos quanto o espetáculo, para estampar um reflexo individual dessa autoridade" (CSDE, §x).

A observação pode parecer anedótica, mas não se deve interpretá-la na chave banal da manipulação midiática. É pre-

---

28 Nos arquivos de Debord, encontram-se anotações relativas à questão da modificação da língua e ao aparecimento de neologismos no francês, que o autor repertoria, chegando mesmo a esboçar uma tipologia. Isso esteve em parte ligado ao projeto de reeditar um dicionário do século XIX, o *Nouveau dictionnaire des synonymes français* [Novo dicionário francês de sinônimos] (1874), de Antoine-Léandre Sardou, para o qual Debord escreveria um prefácio. Nas notas para o prefácio, Debord aponta que o espetáculo "impôs universalmente, além da *linguagem do falso*, uma *falsa linguagem* (com uma velocidade catastrófica semelhante àquela da construção de 'imóveis')" (Fonds Guy Debord, NAF 28603, "Notes et projets").

ciso compreender a força de subjetivação do espetáculo, que informa a linguagem comumente partilhada. Todo o projeto racionalista tinha por pressuposto a proposição inaugural de Descartes, segundo a qual haveria um "bom senso partilhado". Agora, quem oferece esse senso partilhado é o espetáculo. E, se acreditarmos em Debord, esse senso é ilógico. A inter-relação que postula entre lógica e diálogo pode valer em ambos os sentidos. Se a lógica se forma no diálogo, o diálogo repousa sobre a partilha da lógica. Assim, a falência da lógica tornaria caduca a aposta conselhista, ainda dependente da crença positiva no diálogo como estruturante da prática comum. E a reconciliação entre vivido e representação esbarraria no esvaziamento do sujeito, pois sujeitos desprovidos da faculdade de julgar não seriam capazes de rearticular a relação entre razão pura e razão prática, entre consciência e ação.

Ainda sobre a relação entre diálogo e lógica, é importante notar que o esvaziamento do sujeito, apontado como efeito do espetáculo, impõe-se de maneira avassaladora precisamente pela perda de outros espaços de subjetivação que poderiam contrapor seu efeito. Aqui, o falimento da lógica encontra-se diretamente com o falimento da democracia.

> Não existe mais ágora, comunidade geral; nem mesmo comunidades restritas a corpos intermediários ou a instituições autônomas, a salões ou cafés, aos trabalhadores de uma única empresa; nenhum lugar onde o debate sobre as verdades que concernem àqueles que ali estão possa se liberar duravelmente da esmagadora presença do discurso midiático e das diferentes forças organizadas para substituí-lo. (CSDE, §VII)

Novamente, é preciso ir além do caráter puramente descritivo que o texto pode sugerir. Para além de um simples lamento da presença esmagadora do discurso midiático, encontramos a percepção dos efeitos profundos dessa presença. A onipresença de um mesmo discurso, que enuncia sempre uma mesma verdade e sempre com uma mesma construção formal — aquela da simultaneidade não contraditória da imagem, pois "dentro de uma imagem é possível justapor sem contradição qualquer coisa" (CSDE, §x) —, passa a obliterar a constituição de outras verdades e de outras linguagens. Afinal, tanto a ideia clássica de democracia quanto a concepção iluminista de esclarecimento passavam pelo embate discursivo que, propondo diferentes verdades particulares, poderia atingir uma verdade universal. De certa forma, o ocaso da democracia do qual se fala não parece se restringir a uma denúncia da democracia burguesa como democracia formal, ou ainda da democracia representativa como oposição à democracia direta. Debord parece indicar a falência da própria possibilidade de democracia, uma vez que não há mais espaço de confrontação de sujeitos autônomos nem mesmo sujeitos autônomos capazes de tal confrontação. Assim, não é apenas o ocaso da história que acompanha o ocaso da democracia — ambos se enquadram no mais amplo eclipse da razão.[29]

---

[29] Explicito que a expressão remete ao livro homônimo de Max Horkheimer (2016), no qual o fundador da teoria crítica analisa a racionalidade moderna e a consequente redução da razão à sua dimensão subjetiva ou instrumental. Ao empregá-la, reforço minha percepção de que os *Comentários* devem ser entendidos como uma reflexão sobre os efeitos reversos da razão ocidental e o malogro de sua promessa de liberdade, conforme igualmente estudado pelos teóricos da chamada Escola de Frankfurt.

PARTE II

A teoria em seu tempo

CAPÍTULO 3
Guy Debord e o marxismo

Os situacionistas sempre procuraram evitar afiliações e designações comuns, temendo serem identificados com grupos artísticos e políticos já existentes. Não é difícil reconhecer seus pontos de contato com o anarquismo, tanto na recusa do Estado e na crítica acerba da representação quanto nas referências reiteradas a grandes revolucionários anarquistas, como Buenaventura Durruti e Nestor Makhno.[30] Não à toa, o grupo seria alvo de grande interesse por parte da juventude libertária nos anos 1960.[31] Contudo, fica clara a importância capital da teoria de Marx na fundamentação das principais teses situacionistas, sobretudo para a teoria crítica de Guy Debord. É possível retraçar em parte o processo pelo qual o autor se aprofunda no estudo e na apreensão do marxismo, em virtude tanto de suas relações pessoais quanto de suas leituras.

---

[30] Figuras retomadas pelo cinema de Debord, ao lado do próprio Bakunin, como será visto no próximo volume. Apesar das referências de Debord a esses personagens, para tratar da relação com o anarquismo seria necessário considerar a IS como um todo, e também os escritos de Raoul Vaneigem, o que faz com que esse tema exceda o escopo deste livro. Para uma primeira abordagem do assunto, ver o livro de Miguel Amorós, *Los situacionistas y la anarquía* (2008).

[31] Exemplo disso são René Riesel e Christian Sebastiani, jovens membros incorporados à IS no Maio de 1968, ambos provenientes de grupos anarquistas. Para Amorós (2008, p. 102), Debord havia "compreendido bem" que "os situacionistas tinham seus melhores leitores e partidários entre os anarquistas consequentes".

Debord se interessou inicialmente pelos textos de Henri Lefebvre que ofereciam matéria para sua reflexão sobre a arte e as proposições experimentais da IS. Além da evidente influência sobre o ideário situacionista da *Critique de la vie quotidienne* [Crítica da vida cotidiana], publicada em 1947, diálogos se estabelecem com base em textos pontuais, como o artigo "Vers un romantisme révolutionnaire" [Em direção a um romantismo revolucionário], publicado em 1957 na revista *Nouvelle Revue française*, ou ainda a teoria lefebvriana dos momentos, publicada em 1959 em *La somme et le reste* [A soma e o resto], e que Debord aproximou da proposta da situação construída. Entre 1960 e 1961, Debord estabeleceu uma amizade com Lefebvre, que se tornou um interlocutor fundamental para sua introdução no mundo conceitual do marxismo. No mesmo ano, ademais, o situacionista frequentou também o grupo Socialismo ou Barbárie, encabeçado à época por Cornelius Castoriadis. Não à toa, o ano de 1961 viu o basculamento da IS, que se afastou do campo da arte para dedicar-se à reflexão teórico-política. São ainda nesses anos que apareceram na França traduções de obras fundamentais do marxismo ocidental, notadamente *História e consciência de classe*, de György Lukács, e *Eros e civilização*, de Herbert Marcuse. Ambos seriam lidos com atenção por Debord, que iniciaria, em 1963, o longo trabalho de redação de *A sociedade do espetáculo*. É evidente que ele não desconhecia inteiramente os textos de Marx antes dessa época. Em seus arquivos, encontramos, por exemplo, um caderno com fichamentos dos primeiros volumes das *Obras filosóficas* de Karl Marx, nas *Obras completas* traduzidas por Jaques Molitor.[32] A leitura concentra-se, todavia, nas obras de juventude

---

[32] A primeira edição da tradução francesa foi publicada por Alfred Costes em 1927. Debord possuía a reedição realizada entre 1947 e 1953. Ele tinha clara predileção por essa tradução, que havia sido suplantada pelas novas traduções realizadas pela editora do Partido Comunista Francês, Les Éditions Sociales. Anos mais tarde, o próprio Debord promoveria uma reedição de trechos da tradução de Molitor, publicada pela editora Champs Libre em 1981.

de Marx, e não chega a se prolongar até as obras de maturidade. Tanto as fichas de leitura quanto as correspondências de Debord induzem à hipótese de que sua reflexão sobre o fetichismo da mercadoria, tão fundamental para a elaboração da teoria do espetáculo, foi impulsionada pelo debate marxista de sua época, com destaque para a redescoberta da "obra proibida" de György Lukács.[33] Lida com grande interesse e atenção, a obra do filósofo húngaro foi fundamental para que Debord pudesse abordar o "enigma" da mercadoria, tema central do segundo capítulo de *A sociedade do espetáculo*.[34] O situacionista pôde, assim, compreender as modificações socioculturais do capitalismo avançado sob o prisma da reificação, entendida como fenômeno social total. A relação da teoria de Debord com a de Lukács é tão profunda — isto é, os preceitos da teoria da reificação estão de tal modo incorporados na teoria do espetáculo — que não é possível

[33] Publicada originalmente em alemão em 1923, a obra foi renegada pelo próprio Lukács após sua condenação pela ortodoxia comunista. Entre 1957 e 1958, alguns capítulos foram traduzidos e publicados na França pelas revistas *Socialisme ou Barbarie* e *Arguments* — sobre as quais falarei na sequência. Em 1959, o sociólogo Lucien Goldmann apresentou um resumo da teoria da reificação em artigo publicado na revista *Les Temps Modernes*. Debord leu o artigo e o enviou a seu amigo, o pintor situacionista Asger Jorn, notando que "Lukács está ficando na moda por aqui". A tradução integral apareceu finalmente em 1960 (Debord, 1999, p. 244).

[34] Note-se a ausência de fichas de leitura de *O capital* em meio aos conjuntos de fichas preparatórias para a redação de *A sociedade do espetáculo*. Evidentemente, isso não significa que Debord não tenha se informado por uma leitura direta da principal obra de Marx — além da mencionada tradução de Molitor, o autor possuía igualmente em sua biblioteca a edição Gallimard de *Obras* de Marx, organizada por Maximilliam Rubel para a Bibliothèque de la Pléiade. Debord morou em diversas cidades e países diferentes ao longo de sua vida, e é possível que uma parte de suas fichas tenha se perdido pelo caminho. O fato serve, porém, para sublinhar a importância da leitura de autores marxistas como mediadores da apreensão que Debord teve da teoria de Marx no momento que redigia sua própria teoria, especialmente de Lukács, uma vez que as anotações de *História e consciência de classe* aparecem em dois conjuntos, por vezes com citações dobradas.

tratá-la em separado da análise da própria teoria — razão pela qual preferi abordar as proximidades entre os dois textos ao longo da primeira parte deste livro. Nesta segunda parte, será estudada mais especificamente a relação de Debord com o marxismo de sua época, com vistas a compreender o papel de mediação que esse contexto intelectual cumpriu na apreensão da teoria de Marx pelo situacionista. Destacarei, para tanto, no primeiro capítulo, sua passagem pelo Socialismo ou Barbárie e sua proximidade com Lefebvre. No capítulo seguinte, analisarei sua relação com o freudo-marxismo por meio de suas leituras de Herbert Marcuse e de Joseph Gabel.

GUY DEBORD E SOCIALISMO OU BARBÁRIE

Fundado em 1949 e atuante até 1963, o grupo Socialismo ou Barbárie teve grande importância no debate intelectual francês do pós-Segunda Guerra Mundial. Encabeçado por figuras como Cornelius Castoriadis e Claude Lefort, o grupo foi pioneiro na criação de um espaço de reflexão teórica marxista em antagonismo com a ortodoxia do Partido Comunista e igualmente não subsumido ao trotskismo. Aliás, nasceu justamente de uma ruptura com o trotskismo: Lefort e Castoriadis se conheceram dentro do Partido Comunista Internacional, seção francesa da IV Internacional.[35] Se a crítica da "revolução traída" formulada por Trotsky servia-lhes de ponto de partida, parecia-lhes,

---

[35] O primeiro número da revista do grupo comportou, portanto, uma carta aberta aos militantes dessa organização; ver "Lettre ouverte aux militants du P.C.I. et de la IVᵉ Internationale" [Carta aberta aos militantes do PCI e da IV Internacional], *Socialisme ou Barbarie*, n. 1, p. 90-101, mar.-abr. 1949. Note-se também que a escolha da fórmula de Rosa Luxemburgo, "socialismo ou barbárie", como título da publicação era uma forma de sinalizar um posicionamento antileninista que se queria distinto do trotskismo. Isto posto, tampouco pode-se caracterizar o grupo como luxemburguista.

todavia, necessário ir além de uma simples compreensão da burocracia estatal como superposição parasitária à organização socialista, e repensar, no âmbito da dominação burocrática, quais eram as relações efetivas de produção. Já em 1949, Castoriadis publicava, no segundo número da revista homônima do coletivo, um estudo sobre as relações de produção na Rússia, no qual rejeitava a ideia segundo a qual a URSS teria superado a dominação de classes.[36] Para Castoriadis, a burocracia estatal teria se constituído em nova classe dominante, apropriando-se do produto da classe trabalhadora pela mediação do aparato de Estado. Longe de ser a "pátria do socialismo", como queria a propaganda oficial, a URSS seria uma forma de capitalismo de Estado. Nisso, o Leste seguia percurso semelhante ao do Ocidente, onde a confluência entre capitalismo e organização estatal havia se revelado um dispositivo neutralizador da ameaça revolucionária do proletariado. Essa caracterização da URSS como forma alternativa de capitalismo fornecia um embasamento teórico a todos aqueles que, afeitos ao projeto comunista, viam no socialismo realmente existente mais uma nova forma de opressão do que uma organização efetivamente igualitária da sociedade. A busca de outra via à esquerda — mais à esquerda do Partido Comunista, de onde na França adviria o epíteto de "ultra-esquerda" (*ultra-gauche*) — se tornaria tanto mais importante após 1956, ano da revelação dos crimes de Josef Stalin por Nikita Khrushchov, e também da revolta na Hungria — duramente reprimida pelas tropas russas. Essa revolta foi fundamental não apenas por revelar o autoritarismo do Partido Comunista, mas também por expor o que poderia ser uma alternativa à dominação burocrática: a organização de conselhos operários, espécie de reavivamento da experiência

---

[36] O texto é assinado por Pierre Chalieu, um dos muitos pseudônimos utilizados por Castoriadis; ver Pierre Chalieu, "Les rapports de production en Russie" [As relações de produção na Rússia], *Socialisme ou Barbarie*, n. 2, p. 1-66, maio-jun. 1949.

originária dos sovietes. O levante húngaro colocou na pauta da esquerda, novamente e de maneira mais ampla, o debate em torno do comunismo de conselhos, que o Socialismo ou Barbárie já buscava fomentar. A crítica que o grupo desde cedo endereçou à dominação burocrática na URSS — e que carregava certa influência da leitura da obra de Bruno Rizzi, *L'U.R.S.S.: collectivisme bureucratique*[37] — logo confluiria com o debate conselhista. Para Castoriadis, a nova hierarquia estruturada pela dominação burocrática caracterizava-se agora por uma divisão entre "dirigentes" e "executores" da produção. A revolução a ser feita demandava que os executores tomassem o controle da produção, para geri-la de maneira direta. Advinha daí outro termo forte para as demandas do período: a autogestão. A reivindicação da autogestão passou pela revalorização da experiência soviética anterior à "traição burocrática" pelo Partido — que impôs uma organização centralizadora esvaziando o poder decisório dos sovietes — em conformidade com a crítica elaborada pelos defensores do comunismo de conselhos. Isso implicou resgatar as experiências conselhistas e seus teóricos, como o holandês Anton Pannekoek, com quem o grupo se correspondeu.[38]

[37] O livro foi publicado pela primeira vez em francês em 1939, quando Rizzi, um dos fundadores do Partido Comunista Italiano, perseguido pelo fascismo, refugiava-se na França. Ele foi um dos primeiros pensadores de esquerda a estabelecer paralelos entre a URSS e os regimes totalitários então em ascensão. O autor criticou notadamente aquilo que chamou de coletivização burocrática na URSS, identificando na burocracia estatal a nova classe dominante. O livro foi proibido durante a ocupação nazista e não teria nova edição francesa até que a editora Champs Libre, que contava com os conselhos editoriais de Guy Debord, o publicasse novamente. Debord foi, aliás, um leitor atento da obra de Rizzi, que, como veremos, seria explicitamente mencionada em *A sociedade do espetáculo*; ver Bruno Rizzi, *L'U.R.S.S.: collectivisme bureucratique. La bureaucratisation du monde* [A URSS: coletivismo burocrático. A burocratização do mundo]. Paris: Champs Libre, 1977 [1939].
[38] Correspondência publicada em "Discussions: une lettre d'Anton Pannekoek" [Discussões: uma carta de Anton Pannekoek], *Socialisme ou Barbarie*, n. 14, abr.-jun. 1954. A correspondência comporta, porém, um desacordo funda-

Todas essas questões foram certamente importantes para que Guy Debord formulasse suas próprias críticas à URSS. No terceiro capítulo de *A sociedade do espetáculo*, "Unidade e divisão na aparência", Guy Debord recusa como ideológica a suposta divisão da Guerra Fria, enxergando, à maneira de Castoriadis, apenas duas formas complementares de capitalismo. E, como veremos mais adiante, sua crítica da dominação burocrática também desembocou na defesa aguerrida da via do comunismo de conselhos. Alguns chegaram mesmo a afirmar sob tom de acusação que Debord teria se valido das inspirações do Socialismo ou Barbárie e ocultado essas influências. Trata-se de uma colocação anacrônica baseada em pressuposto de influências unívocas, e não na consideração da experiência histórica concreta de um debate envolvendo atores múltiplos em diálogo constante. Mesmo ao centrar-se em autores específicos, é preciso não perder de vista a dimensão coletiva de experiências como as do Socialismo ou Barbárie e da IS, em que a elaboração teórica se fez de modo partilhado por seus diferentes membros. Assim, por exemplo, a crítica da falsa divisão da Guerra Fria, revertida em complementaridade antagônica, foi discutida por Raoul Vaneigem em carta escrita para Guy Debord pouco após sua entrada na IS, quando problematizou a designação do proletariado como "anticapitalista":

> Ser anti algo significa se instalar no círculo formal dos antagonismos, isto é, admitir o equilíbrio dos contrários e, por consequência, a impossibilidade de uma superação. O proletariado não é anticapitalista; seu desenvolvimento ulterior não fez mais do que concretizar uma tendência a se instalar *sub specie aeternitatis* em um conflito cristalizado. Os blocos sovié-

---

mental: Castoriadis sustenta ainda a necessidade do partido, a que Pannekoek se opõe veementemente. Ele incita Castoriadis a superar sua concepção vanguardista da organização revolucionária, ponto em que não teria rompido com suas origens trotskistas.

tico e capitalista se definem um em relação ao outro em um contexto maniqueísta. Quem se reconhece em uma luta além do "bem e do mal" reconhece na luta do "bem e do mal" apenas uma etapa a ser negada dialeticamente.[39]

Além disso, longe de oculta, a passagem de Guy Debord pelo Socialismo ou Barbárie foi pública e é um fato bastante mencionado.[40] O autor teve conhecimento da revista do grupo ao menos desde 1958, mas seu primeiro contato com seus membros, nesse mesmo ano, acabou sendo conflituoso. Em maio de 1958, um *putsch* militar na Argélia, então uma colônia francesa, desestabilizou a política do país, levando à queda da IV República e à posterior ascensão centralizadora do general Charles de Gaulle (que permaneceria no poder por mais de uma década). Foi nesse contexto turbulento, em que emergiu um movimento antifascista, que Debord conheceu o grupo Socialismo ou Barbárie. Em uma carta de agosto de 1958, endereçada ao situacionista belga André Frankin, ele relata seu desentendimento com os membros do grupo em um comitê de ação e critica suas "cabeças pensantes" por enfatizarem apenas a "desmistificação" das organizações operárias, levando o comitê ao imobilismo.[41] O que Debord não sabia era que estava testemunhando um conflito interno que afetava o

---

[39] Carta não publicada de Raoul Vaneigem a Guy Debord, 18 ago. 1961 (Biblioteca Beinecke de Livros Raros e Manuscritos, Universidade Yale, Raoul Vaneigem Papers, GEN MSS 1455, box 37, folder 3).
[40] Embora ainda mereça estudos mais aprofundados, além do presente capítulo, contribuições relevantes a esse respeito podem ser encontradas em Anthony Heyes, "The Situationist International and the Rediscovery of the Revolutionary Workers' Movement" [A Internacional Situacionista e a redescoberta do movimento revolucionário dos trabalhadores] (Hemmens & Zacarias, 2020, p. 71-92), e Frédéric Thomas, "La rencontre de Guy Debord avec Socialisme ou Barbarie" [O encontro de Guy Debord com o Socialismo ou Barbárie] (Le Bras & Guy, 2016, p. 293-302).
[41] Carta de Guy Debord a André Frankin, 8 ago. 1958 (Debord, 1999, p. 100).

Socialismo ou Barbárie nesse momento. Perante o desenrolar da crise política, o grupo viu-se internamente cindido entre duas concepções de organização revolucionária.[42] A crise desembocou na saída da tendência capitaneada por Claude Lefort, e na reorganização do Socialismo ou Barbárie sob a denominação Pouvoir Ouvrier (PO).[43] Debord notaria, no ano seguinte, escrevendo novamente a Frankin: "percebo um progresso nos dois últimos números de *Socialisme ou Barbarie*, depois da partida de Claude Lefort e da ala dos antiorganizacionais" (Gottraux, 1997, p. 192). Talvez por isso os situacionistas decidiram enviar um exemplar do terceiro número de *Internationale Situationniste* à redação de *Socialisme ou Barbarie*. A revista seria lida por Daniel Blanchard (2005), membro do Socialismo ou Barbárie, que se aproximaria em seguida de Guy Debord. Ambos acabaram produzindo um texto em coautoria — "Préliminaires pour une définition de l'unité du programme révolutionnaire" [Preliminares para uma definição da unidade do programa revolucionário] (Debord & Canjuers, 2006 [1960], p. 511-8) —, concebido como uma "plataforma de discussão" para aproximar os dois grupos. Os autores se empenharam em entrelaçar a perspectiva situacionista, ancorada na crítica da cultura, segundo a perspectiva sócio-bárbara voltada prioritariamente para uma crítica da produção capitalista. Com efeito, no Socialismo ou Barbárie já se encon-

---

[42] A posição resolutamente antimilitarista e anticapitalista do Socialismo ou Barbárie durante a crise gerou prestígio à organização, que viu crescer seu número de militantes. Nesse momento, propõe-se uma reconfiguração da organização do movimento, capaz de assimilar o novo contexto. Castoriadis e Lefort entram em conflito: o primeiro advoga por uma organização mais estruturada, e o segundo vê nesse intento resquícios de leninismo e a ameaça da burocratização (Gottraux, 1997, p. 87-99).

[43] Ambas as nomenclaturas continuam a existir, de maneira ambígua — o jornal de Pouvoir Ouvrier é, por vezes, apresentado como "suplemento" de *Socialisme ou Barbarie*, e a revista é apresentada como "revista teórica da organização Pouvoir Ouvrier".

trava a recusa do "fetichismo do trabalho manual", em prol de uma concepção de proletariado englobando também os trabalhadores intelectuais, que se tornaram componentes integrantes do processo produtivo com a crescente racionalização da produção fabril. Cabe recordar o processo descrito primeiramente por Lukács, em *História e consciência de classe*, e posteriormente retomado tanto pelos teóricos do Socialismo ou Barbárie quanto por Guy Debord, o qual ressaltou a racionalização crescente do sistema fabril, cujas consequências, por um lado, foram a fragmentação do trabalho e a especialização das tarefas produtivas, e, por outro, a criação de uma esfera separada de planejamento e direção da produção. Partindo daí, Guy Debord e Pierre Canjuers (pseudônimo de Daniel Blanchard) propõem uma reflexão interessante, que requalifica a classe dominante, então não mais caracterizada apenas pela "propriedade dos meios de produção", mas também pela propriedade do saber sobre a produção: "dominar a produção, para a classe capitalista, é obrigatoriamente monopolizar a compreensão da atividade produtiva, do trabalho" (Debord & Canjuers, 2006 [1960], p. 511). Opera-se, portanto, uma separação entre a atividade performada e a apreensão cognitiva de seu sentido por parte do sujeito que realiza a ação. O trabalho é vivido como uma série de ações sem sentido, ou seja, como uma atividade absurda: "O trabalho tende assim a ser reduzido à execução pura, tornada, portanto, absurda. À medida que a técnica prossegue sua evolução, ela se dilui, o trabalho se simplifica, seu absurdo se intensifica" (Debord & Canjuers, 2006 [1960], p. 512). Mais uma vez, não se trata de um problema exclusivo do trabalhador manual da linha de montagem. "Esse absurdo se estende aos escritórios e aos laboratórios", escrevem Debord e Canjuers (2006 [1960], p. 512), pois sua integração no conjunto da produção capitalista faz com que a divisão do trabalho e a fragmentação e hierarquização das atividades sejam igualmente introduzidas nesses espaços. Para eles, isso implica uma ruptura significativa com uma concepção tradicional de ciência, com a perda da possibilidade de síntese: "o resultado dessas transformações é, contrariamente às aparências, uma incultura generalizada em todos os níveis do conhecimento: a síntese científica não mais se efetua, a ciência não compreende mais a si própria" (Debord & Canjuers, 2006 [1960], p. 512).

Se a compreensão das divisões e hierarquizações do processo produtivo pode ser estendida ao âmbito do trabalho intelectual e do conhecimento científico, deve igualmente auxiliar no entendimento dos fenômenos sociais que estão além da esfera do trabalho. Isso significa incluir a esfera do lazer — e dos consumos culturais — como desdobramento da mesma cisão entre ação e compreensão identificada na hiperespecialização absurda do trabalho. É nesse sentido que Debord procura articular a crítica sócio-bárbara da divisão no âmbito produtivo com a crítica situacionista da divisão na esfera da arte: "A relação entre autores e espectadores não é mais do que uma transposição da relação fundamental entre dirigentes e executores" (Debord & Canjuers, 2006 [1960], p. 515). Mais do que uma simples transposição de uma esfera à outra, seria necessário compreender aqui que essa cisão é fundadora de um modo de estar no mundo, precisamente porque, dentro e fora do trabalho, as relações sociais são constituídas por um mesmo processo de mediação. Embora a importância da mediação já esteja intuída nesse texto — os autores escrevem, por exemplo, que "fora do trabalho o espetáculo é o modo dominante de relação dos homens entre si" —, parece haver mais uma extensão por analogia entre esfera do trabalho e esfera do lazer do que propriamente a apreensão de uma forma de mediação estruturante dos elos sociais — o que Debord compreende em *A sociedade do espetáculo*, quando descobre por detrás do espetáculo "nossa velha inimiga, [...] a mercadoria" (SdE, §35).

Por ora, basta sublinhar que o que Debord busca nesse momento é articular, em uma mesma perspectiva de base marxista, a crítica do trabalho e a crítica da cultura. Acredita encontrar um elo possível entre as perspectivas teóricas do Socialismo ou Barbárie e da IS na articulação entre alienação no trabalho e alienação na arte, a separação entre ação e compreensão grassando nas duas esferas. A articulação, todavia, não é evidente para os membros do Socialismo ou Barbárie, e Debord logo entra em conflito com Sébastien de Diesbach (aliás, Sébastien Chatel), por conta de um texto que este escreve a respeito do filme *Acossado* (*À bout de souffle*), de Jean-Luc Godard.[44] Debord percebe ali a manutenção inconsciente da mesma divisão criticada pelo Socialismo ou Barbárie para o mundo fabril, mas que seus membros são incapazes de perceber na esfera cultural. A separação entre ação e compreensão, que na produção era encarnada na hierarquia entre executor e dirigente, tornaria a aparecer na divisão entre artista e crítico de arte, este último detendo a compreensão de um processo que o primeiro apenas executa. Debord se opõe veementemente a essa concepção do artista como mero executor, implícita na prática da crítica cultural e que vê reproduzida por Chatel quando trata do filme de Godard. Chatel elogia a obra por denunciar "o delírio cultural no qual vivemos" e por colocar as pessoas "perante sua própria vida", o que daria ao filme um potencial revolucionário. Emite seu julgamento com base na análise do filme, considerando sem grande relevância as intenções deliberadas do cineasta. Para Debord, "trata-se de Godard como de um fenômeno da natureza [...] não se imaginam as possíveis posições políticas, filosóficas etc., próprias a Godard, mais do que se imaginaria discernir a ideologia de um tufão" (Debord, 2006 [1961], p. 560). E, na sequência, arremata: "A crítica de arte é um espetáculo de segundo grau. O crítico é aquele que oferece como espetáculo sua própria situação de espectador. Espectador especializado, portanto, espectador ideal" (Debord, 2006 [1961],

---

[44] Sébastien Chatel, "À bout de souffle de Jean-Luc Godard" [*Acossado* de Jean-Luc Godard], *Socialisme ou Barbarie*, n. 31, p. 104-7, dez. 1960-fev. 1961.

p. 560). A contraposição ao texto de Chatel parece ter sido mais uma tentativa de atrair a atenção do Socialismo ou Barbárie para a problemática da cultura, agora por meio da polêmica, reforçando a necessidade de se compreender a inter-relação entre as duas esferas — encontramos novamente no texto a afirmação de que "a relação entre autor e espectador é apenas uma transposição da relação fundamental entre dirigentes e executores", de *Préliminaires* (Debord, 2006 [1961], p. 558). Não obstante, a tentativa teve pouco efeito, como indica Debord em carta a Blanchard (Canjuers), notando que a súbita saída de Chatel (Diesbach) "apagou a polêmica" (Debord, 2001, p. 54).

A aproximação com o Socialismo ou Barbárie também foi dificultada pela partida forçada da Blanchard, principal interlocutor de Debord, obrigado a deixar a França em decorrência do serviço militar. Não obstante, Debord se filiou ao Pouvoir Ouvrier, frequentando de maneira constante e discreta as reuniões e atividades do grupo por um ano. Segundo relatos, suas posições parecem ter despertado desconfiança nos membros mais antigos e exercido fascínio nos integrantes mais jovens, para quem Debord representava "novos ares" na organização, com maior dose de "anticonformismo".[45] De fato, não é difícil imaginar o estranhamento dos membros mais tradicionais e o interesse daqueles mais jovens perante fórmulas como "solução revolucionária ou barbárie de ficção científica" (Debord & Canjuers, 2006 [1960], p. 513), que desviava a divisa luxemburguista do grupo, aproximando-a da cultura pop.

Na passagem de 1960 a 1961, Debord e outros situacionistas — o húngaro Attila Kotányi, exilado desde os levantes de 1956; André Frankin, antigo membro da Internacional Letrista; e Raoul Vaneigem, futuro membro da IS — participam, ao lado de membros do Pouvoir Ouvrier, da importante greve que pa-

---

[45] Segundo depoimento de André Girard, citado por Philippe Gottraux (1997, p. 224).

ralisou a Bélgica naquele inverno. A greve selvagem e radical que eclodiu no país vizinho foi vista como possibilidade de aproximação com o movimento operário belga e de colocar à prova as reflexões do grupo sobre a organização do movimento revolucionário.[46] Após a greve, Castoriadis anunciou que "camaradas belgas, com a cooperação de nossa organização Pouvoir Ouvrier da França, trabalham para a construção de uma organização revolucionária na Bélgica".[47] A criação, na sequência da greve, do Pouvoir Ouvrier Belge (POB), ramificação do grupo francês, esteve diretamente relacionada à ação dos situacionistas presentes na Bélgica: Vaneigem e Kotányi (em Bruxelas) e Frankin (em Liège); Debord também se deslocou com frequência para o país vizinho. Nesse âmbito, os situacionistas colaboraram com a revista *Alternative*, editada por Robert Dehoux, outro membro do POB, assim como com a redação do panfleto "À bas l'armée! À bas le pacifisme des dirigeants et des patrons! Vive le pouvoir des Conseils de travailleurs!" [Abaixo o exército! Abaixo o pacifismo dos dirigentes e líderes! Viva o poder dos Conselhos dos Trabalhadores!], distribuído em uma manifestação antimilitarista de 15 de outubro de 1961.[48] Alguns dias depois, Raoul Vaneigem escreveria para Guy Debord relatando sobre a manifestação, de "seis

---

[46] Ver *Socialisme ou Barbarie*, n. 32, abr.-jun. 1961, para um longo debate sobre a greve belga, no qual se procura fazer um balanço dos acontecimentos. Ver também Alastair Hemmens, "Le Vampire du Borinage: Raoul Vaneigem, Hiver '60, and the hennuyer Working Class" [O vampiro de Borinage: Raoul Vaneigem, Hiver '60, e a classe trabalhadora *hennuyer*], *Francosphères*, v. 2, n. 2, p. 135-47, 2013.
[47] Pierre Cardan, "La signification des grèves belges" [O significado das greves belgas], *Socialisme ou Barbarie*, n. 32, abr.-jun. 1962.
[48] Philippe Gottraux, historiador do Socialismo ou Barbárie, queixa-se da falta de dados sobre o Pouvoir Ouvrier Belge, e não sabe identificar a origem do panfleto "À bas l'armée!" (Gottraux, 1997, p. 123). Como demonstro aqui, esse ponto cego da história do Socialismo ou Barbárie pode ser esclarecido pela história da IS. Uma versão manuscrita do panfleto encontra-se nos arquivos de Guy Debord, e há relatos sobre a ação nos arquivos de Raoul Vaneigem.

mil a sete mil pessoas", uma "manifestação de tipo folclórico, mas sem alegria", e destacando o efeito da intervenção do POB:

> Pelo tom e pelo formato, o panfleto produziu um efeito certeiro [...] 175 números de *Alternative* foram vendidos, na maior parte do tempo a pessoas que, depois de ler o panfleto, queriam saber mais sobre o POB. Ficamos, aliás, surpresos pela quantidade de "então, vocês são algo como o Socialismo ou Barbárie na França?", uma espécie de questão semiconfidencial, meio piscadela de olho significando "nós também conhecemos, mas silêncio!".[49]

Apesar disso, ainda na mesma carta, o situacionista se queixa dos problemas internos do POB e de sua "desorganização prática", e define a situação do grupo como de "ponto morto". Os situacionistas se retiraram do grupo ao final de 1961.[50] Em todo caso, é importante sublinhar que a presença situacionista no POB, com envolvimento direto de Debord, se estendeu para além de sua participação oficial no Pouvoir Ouvrier. Na França, ele integrou a conferência nacional do Socialismo ou Barbárie, realizada em abril de 1961, mas entregou sua demissão ao grupo no mês seguinte. Continuou, todavia, a acompanhar os debates, como atesta a coleção de boletins internos que se encontra em seus arquivos, frequentemente acompanhados de grifos e notas. Em uma delas, escrita à margem de um boletim, Debord observa que o Socialismo ou Barbárie havia tomado, após sua saída, uma direção "entre

---

[49] Carta não publicada de Raoul Vaneigem a Guy Debord, 25 out. 1961 (Biblioteca Beinecke de Livros Raros e Manuscritos, Universidade Yale, Raoul Vaneigem Papers, GEN MSS 1455, box 37, folder 3).
[50] "Os últimos situacionistas se retiraram do POB em novembro", escreve Debord em carta de dezembro de 1961, endereçada a J.-L. Jollivet, editor de *Notes critiques* [Notas críticas] (publicação de um grupo de extrema esquerda de Bordeaux, e interessado nas ideias situacionistas). Na carta, Debord apresenta um histórico resumido de sua relação com o Socialismo ou Barbárie (Debord, 2001, p. 66).

Henri Lefebvre e a Internacional Situacionista". Isso porque surgiu no grupo a demanda por se afastar das discussões clássicas e debater questões que dizem respeito à vida cotidiana. Essa demanda foi formulada notadamente no texto interno "Por uma nova orientação", de 20 de outubro de 1962, expressão de uma tendência interna encabeçada por Castoriadis, que procurou forçar uma reorientação do grupo. Apareciam então como temas centrais a serem tratados na revista os estudos sobre as questões da "habitação e do urbanismo" (n. 37) e dos "consumos e lazeres" (n. 38). Tal proposta de reorientação pode ter sido uma resposta ao interesse nas ideias situacionistas, manifestado por jovens militantes do grupo. Não obstante, a cartada por uma nova orientação, lançada em 1962, acabou por precipitar uma crise no interior da organização, que resultaria, no ano seguinte, na cisão derradeira entre Pouvoir Ouvrier e Socialismo ou Barbárie. Não cabe aqui entrar em detalhes, mas é importante notar que essa cisão — opondo a Tendência, de Castoriadis, e a Antitendência, que compreende, entre outros, Jean-François Lyotard — passou por um debate envolvendo não apenas o problema da organização do grupo, mas também um questionamento de noções clássicas do marxismo, e mesmo um afastamento de seus pontos nevrálgicos, e isso de ambas as partes (Gottraux, 1997, p. 144-57). Isso levou a IS a noticiar a dissolução do grupo com mordacidade, sobretudo em referência a Castoriadis, apresentando-o como um "capitão eufórico" em meio ao "naufrágio": "Cardan [isto é, Castoriadis], após quinze anos de esforço inútil para que a dialética se lhe revelasse [...] pode agora afirmar com o maior orgulho sua incapacidade, por muito disfarçada, de apreender o jogo das contradições".[51]

---

51 "Les mois les plus longs" [Os meses mais longos], *Internationale Situationniste*, n. 9, ago. 1964, p. 35.

Os acontecimentos posteriores à passagem de Debord pelo Pouvoir Ouvrier tornam mais evidente a dificuldade de aproximação entre situacionistas e sócio-bárbaros. Outro aspecto dessa divergência pode ser percebido por meio de um comentário seu, quando ainda frequentador do grupo, anotado ao longo de uma discussão sobre os problemas organizativos em uma reunião de 7 de janeiro de 1961: "constituir um novo tipo de comunidade humana, novas relações. E DEMONSTRÁ-LO".[52] A ideia tipicamente situacionista de que era necessária uma ética de grupo capaz de engendrar novas formas de vida coletiva que antecipassem uma organização social pós-revolucionária entrou em choque direto com a lógica dominante no seio do Socialismo ou Barbárie, organização que não colocava em questão a vida pessoal de seus membros, sendo pensada ainda no modo da clandestinidade parcial — como demonstra o uso de pseudônimos. Essa colisão é ainda mais evidente na documentação que registra as reuniões de um grupo filossituacionista organizadas no interior do Pouvoir Ouvrier. A tendência foi encabeçada por André Girard e Richard Dabrowski, que remeteram a Debord documentos e notas das discussões do grupo. Neles, lemos que "a gestão pelos trabalhadores não pode ser a gestão dos meios de produção capitalista tais quais existem. O objetivo dessa gestão deve ser suficientemente claro. A falta de clareza no que diz respeito a esse objetivo é talvez a maior fraqueza do Pouvoir Ouvrier".[53] Para tanto, propunham que "fossem tomadas em consideração as vidas pessoais dos membros da organização de um movimento revolucionário experimental".[54] Buscava-se, assim, "constituir uma organização na qual a relação entre os membros fosse uma prática deliberada da utopia; e cuja relação com a população não poderia ser outra coisa que um convite

---

[52] Fonds Guy Debord, NAF 28603, boîte "Socialisme ou Barbarie".
[53] Idem.
[54] Idem.

para que ela mesma pratique sua utopia".[55] Os propósitos elencados carregam traços fortemente situacionistas em suas intenções ético-morais, tipo de aspiração que marcaria mais tarde, por intermédio da influência situacionista, o Maio de 1968. No momento, porém, essas aspirações eram vistas com estranhamento pelos pensadores mais tradicionais do Socialismo ou Barbárie, e resultaram no afastamento entre este e a IS.[56]

Mas a crítica situacionista do não questionamento da vida pessoal dos envolvidos na organização revolucionária não seria completamente alheia à posterior formulação teórica de Guy Debord. Uma pista nesse sentido nos é indicada por uma nota marginal do autor ao longo da leitura de um boletim interno, datado de 11 de outubro de 1962. O referido documento continha a tradução de um texto de Ria Stone (pseudônimo de Grace Lee Boggs) sobre a experiência do Correspondence Publishing Committee, organização de extrema esquerda estadunidense, próxima ao Socialismo ou Barbárie, e que nesse momento passava por uma cisão — com a ruptura entre o casal Boggs e C. L. R. James. Lendo com interesse o texto de Stone, Debord encontra pontos de concordância e de divergência. Ele destaca notadamente o último parágrafo, em que lemos:

> Reconhecemos o papel do subjetivo, da escolha moral, no desenvolvimento do indivíduo social em nossos dias. Tentamos romper a dualidade sujeito-objeto que Kant não pôde superar, e que Hegel

---

[55] Fonds Guy Debord, NAF 28603, boîte "Socialisme ou Barbarie".
[56] Mesmo essa tendência interna acabaria rompendo com Pouvoir Ouvrier no ano seguinte. Girard remeteu as cartas de demissão do grupo a Debord, procurando em vão convencê-lo a encabeçar um grupo congregando os demissionários do Pouvoir Ouvrier, e recebeu, como resposta, uma recusa categórica (Debord, 2001, p. 84). Na verdade, Debord sempre acompanhara a tendência com certo distanciamento. Em carta de novembro de 1961, endereçada aos situacionistas Raoul Vaneigem e Attila Kotányi, o autor já se opunha à criação de uma tendência situacionista no interior do POB (Debord, 2001, p. 58).

e Marx superaram. Assim, fazemos parte de uma importante tendência contemporânea que busca romper a separação entre a literatura e a ciência (os existencialistas, os escritos de C. P. Snow), e da tendência que existe nas ciências humanas que permite ao leitor compreender como o sociólogo, por exemplo, chegou a suas conclusões através de sua experiência pessoal.[57]

A valorização da dimensão subjetiva e das escolhas subjetivas, marca existencialista que ressoa no texto de Boggs, está certamente em afinidade com as concepções situacionistas. Não obstante, Debord acha necessário levar essa posição crítica do sujeito mais adiante. Assim, escreve, à margem do parágrafo: "aqui, é necessário ir mais longe, para virar a espada contra os intelectuais: compreender o papel da *vedete*".[58]

Compreender o papel da vedete é uma tarefa que Debord levou a cabo no terceiro capítulo de *A sociedade do espetáculo*. Mas é interessante notar que o problema do vedetismo apareceu como questão relevante na frustrada experiência militante de Debord no Socialismo ou Barbárie. Assim, em sua carta de demissão, ele concede inicialmente que a tão criticada divisão entre dirigentes e executores era, de fato, suprimida pela estrutura organizativa do Pouvoir Ouvrier. No entanto, indica, em seguida, que essa cisão era recomposta sob a forma de hierarquia espetacular:

> A divisão da sociedade em dirigentes e executores é praticamente abolida no interior do Pouvoir Ouvrier [...] mas ela se reencontra sob seu aspecto corolário de divisão entre "atores" e espectadores. [...] No espetáculo do Pouvoir Ouvrier, há, portanto, vedetes [...]. Sua oposição espetacular não é jamais sancionada, as vedetes

---

[57] Fonds Guy Debord, NAF 28603, boîte "Socialisme ou Barbarie".
[58] *Idem*.

não se convencem jamais uma a outra: elas se neutralizam dia após dia. (Debord, 2001, p. 47)

Na tese 60 de *A sociedade do espetáculo*, Debord afirma que "a condição da vedete é a especialização do vivido aparente", que serve de compensação imaginária ao empobrecimento da experiência vivida sob o capitalismo. O espetáculo ofereceria o mesmo tipo de falsa escolha entre mercadorias símiles que encontramos indo ao mercado: as vedetes representariam "diferentes estilos de vida" (SdE, §60). De maneira análoga, vemos que Debord percebeu o mesmo processo no interior da organização militante. Em exposição constante, os intelectuais proeminentes cumpririam uma função de vedete, representando diferentes "estilos" de militância e posicionamento teórico. Os demais membros do grupo se identificariam com essas posições sem que um verdadeiro confronto entre elas fosse levado adiante em busca de uma resolução teórica e política comum. Ao contrário, o que acabava por acontecer era a estabilização de uma *mise en scène* reiterada e paralisante. O autor encontrou, portanto, no interior da organização revolucionária, a recomposição do *modus operandi* do espetáculo.

Não deve ser então uma coincidência que Debord tenha inserido a passagem sobre a vedete no mesmo capítulo em que trata da falsa divisão da Guerra Fria. Afinal, seu objetivo é justamente denunciar as falsas divisões e oposições aparentes que o espetáculo constitui. A diferença que Debord estabelece entre um espetáculo concentrado — a Leste — e espetáculo difuso — a Oeste — não é outra que uma divisão entre duas formas de vedetismo. Se no espetáculo difuso "diferentes mercadorias célebres sustentam simultaneamente seus projetos contraditórios de planificação da sociedade" (SdE, §65), no espetáculo concentrado "a imagem imposta do bem, em seu espetáculo, recolhe a totalidade do que existe oficialmente e concentra-se normalmente em um só homem, que é a garantia da coesão totalitária. Com essa vedete absoluta é que todos devem identificar-se magicamente, ou desaparecer" (SdE, §64).

É importante notar que, longe de ser uma simples imposição política, o espetacular concentrado deriva da estrutura material do capitalismo burocrático. "De fato", escreve Debord, "a propriedade burocrática está concentrada, no sentido em que o burocrata individual só tem relação com a posse da economia global por intermédio da comunidade burocrática, como membro dessa comunidade" (SdE, §64). Como previamente dito, encontram-se aí ecos das ideias de Castoriadis, ou ainda de Bruno Rizzi. Mas se Debord endossa a ideia de um capitalismo burocrático proposta por Castoriadis, vai ao mesmo tempo mais longe do que ele, questionando de maneira perspicaz uma proposição de Rizzi sobre a burocracia totalitária. Em *A sociedade do espetáculo*, Debord escreve: "A burocracia totalitária não é 'a última classe proprietária da história' no sentido de Bruno Rizzi, mas apenas uma classe dominante substituta da economia mercantil" (SdE, §104). Ao criticar a posição da burocracia como "classe proprietária", Debord acaba por desembocar na ideia de um sistema de reprodução econômica auto-operante, que supera a própria noção tradicional de dominação de classes. Para ele, a dominação da burocracia totalitária é, na verdade, "a prova da economia independente, que domina a sociedade a ponto de recriar para seus próprios fins a dominação de classe que lhe é necessária: o que equivale a dizer que a burguesia criou um poder autônomo que, enquanto subsistir essa autonomia, pode até prescindir da burguesia" (SdE, §104). Por outras vias, Debord parece se aproximar assaz da noção marxiana do capitalismo como um "sujeito automático" — noção hoje sublinhada pelos autores da crítica do valor, que buscam romper com a centralidade da luta de classes e avançar a noção de uma "dominação sem sujeito".[59] Talvez uma

---

[59] Ver Robert Kurz, "Dominação sem sujeito" (2010). Retomarei essa questão e o diálogo com a teoria de Kurz na parte final deste livro; ver "Aporias do sujeito e constituição fetichista", p. 214.

de suas formulações mais claras nesse sentido tenha se dado justamente no momento de sua primeira aproximação com o Socialismo ou Barbárie, no já mencionado texto coescrito com Blanchard, no qual podemos ler:

> O mundo do consumo é, na verdade, o da espetacularização de todos por todos, isto é, da divisão, do estranhamento, da não participação entre todos. A esfera dirigente é o diretor[60] severo desse espetáculo, composto de maneira pobre e precária por meio de imperativos exteriores à sociedade e que se significam em valores absurdos (e os próprios diretores, enquanto homens viventes, podem ser considerados vítimas desse robô diretor).
> (Debord & Canjuers, 2006 [1960], p. 514)

GUY DEBORD E HENRI LEFEBVRE

A importância de Henri Lefebvre para a história da IS não pode ser negligenciada. Diversos de seus membros tiveram contato com o filósofo e sociólogo francês, que também se nutriu, por sua vez, das ideias situacionistas. No que tange especificamente a Guy Debord, sua relação com Lefebvre e seu pensamento passou por etapas distintas. Primeiramente, há uma influência inicial de *Critique de la vie quotidienne*, de 1947, trabalho de Lefebvre que serve de inspiração às intenções situacionistas de revolucionar a vida cotidiana. Debord deve ter tomado conhecimento dessa obra em sua juventude, mas não subsistem traços de suas leituras, apenas algumas referências em cartas trocadas com amigos do período ante-

---

[60] Debord emprega aqui a expressão *metteur en scène*, referindo-se ao diretor em sentido teatral ou cinematográfico. Joga, portanto, com a polissemia da palavra *spectacle*, empregada em francês também como sinônimo de teatro.

rior à IS.[61] Em um segundo momento, o interesse de Debord é atraído pelo texto de Lefebvre sobre o romantismo revolucionário, que será diretamente evocado — e criticado — em texto publicado na revista situacionista. Um novo debate se estabeleceu a respeito da teoria dos momentos, que Lefebvre expôs em seu longo ensaio filosófico e autobiográfico *La somme et le reste* (1959), e que Debord aproximou de seu conceito de situação. Finalmente, Debord acabou por estabelecer uma relação de amizade com Lefebvre, e veio a integrar seu Grupo de Pesquisas sobre a Vida Cotidiana no Conseil National de Recherche Scientifique (CNRS), ali apresentando a conferência "Perspectives de modification consciente de la vie quotidienne" [Perspectivas de modificação consciente da vida cotidiana], em 17 de maio de 1961. Durante esse período, Lefebvre fez diversas referências a Debord e aos situacionistas, em obras como *Introduction à la modernité* [Introdução à modernidade], de 1962, e no segundo tomo de *Critique de la vie quotidienne*. O último diálogo entre Lefebvre e os situacionistas se estabeleceu em torno de uma interpretação histórica da Comuna de Paris de 1871. Lefebvre preparava um livro sobre o assunto, e recebeu dos situacionistas um conjunto de "Teses sobre a Comuna", com as quais eles propunham uma interpretação a contrapelo do evento.[62] Ao contrário da consagrada interpretação de Lênin, que atribuía o fracasso da

---

61 Ver, por exemplo, a carta escrita para Patrick Straram, em abril de 1960, na qual Debord envia nova edição do livro de Lefebvre ao antigo companheiro do período da Internacional Letrista (Debord, 2001, p. 35).
62 As "Teses sobre a Comuna" foram assinadas por Guy Debord, Raoul Vaneigem e Attila Kotányi e publicadas em 1962. Traduzi e apresentei essas teses na revista *Mouro*, da USP, e portanto remeterei a essa tradução; ver Guy Debord, Attila Kotányi & Raoul Vaneigem, "Teses sobre a Comuna" (1962), *Revista Mouro — Revista de Estudos Marxistas*, v. 5, n. 8, p. 120-7, dez. 2013. O livro de Lefebvre foi publicado apenas anos mais tarde, em 1965, com o título de *La Proclamation de la Commune* [A proclamação da Comuna], e não possui tradução para o português.

Comuna à sua incapacidade de constituir um aparato estatal, os situacionistas viam ali seu verdadeiro sucesso, por ter evitado a burocratização que fora a sorte nefasta da Revolução de Outubro. Ademais, postulavam a Comuna como uma revolução lúdica que subverteu a ordem do cotidiano.[63] Essas teses foram incorporadas por Lefebvre de forma quase literal. Mas ele antecipou a publicação de parte de seu texto na revista *Arguments*, na qual escreviam muitos intelectuais de esquerda não alinhados ao Partido Comunista Francês (PCF) e que era vista pelos situacionistas como uma concorrente no campo político em que atuavam. Sentindo-se traídos, denunciaram Henri Lefebvre por plágio, declarando uma irremediável ruptura com esse intelectual.[64]

Apesar do fim amargo da amizade, Debord não cessou de ler os textos de Henri Lefebvre. Seus livros foram de grande importância para que Debord apreendesse de maneira mais sistemática o campo problemático e terminológico do marxismo. Muitos trabalhos de Lefebvre tinham justamente essa ambição de sistematização e divulgação do marxismo — ou de um outro marxismo, distinto da cartilha stalinista. Debord leu e fichou com atenção livros como *Problèmes actuels du marxisme*

---

[63] A interpretação situacionista da Comuna de Paris parece ressoar na interpretação oferecida por Alain Badiou (2012), que mais recentemente também buscou positivar os supostos fracassos históricos do movimento operário a fim de recuperar uma "hipótese comunista". Vale lembrar que Badiou havia escrito um grande elogio a um dos filmes de Guy Debord, *In girum imus nocte et consumimur igni* [Vamos girando pela noite e somos consumidos pelo fogo], em 1978, texto republicado, não sem ironia, por Debord, no volume *Ordures et décombres déballés à la sortie du film "In Girum imus nocte et consumimur igni" par différentes sources autorisées* [Rejeitos e escombros despejados no lançamento do filme *In girum imus nocte et consumimur igni* por diferentes fontes autorizadas], de 1982.

[64] A versão de Lefebvre sobre o rompimento com os situacionistas pode ser encontrada nas entrevistas conduzidas por Claude Glayman e publicadas sob o sugestivo título *Le temps des méprises* [A época dos mal-entendidos] (Lefebvre, 1975).

[Problemas atuais do marxismo] (1958) e *Sociologie de Marx* [Sociologia de Marx] (1966b). Além disso, Lefebvre buscou intervir em muitos dos principais debates dessa época, oferecendo sempre uma interpretação distinta daquela em voga. Escreveu sobre as escolhas subjetivas distinguindo-se do existencialismo (Lefebvre, 1946, 1959) e a linguagem opondo-se ao estruturalismo (Lefebvre, 1966a). Ele foi, desse modo, importante referência para Debord, que tinha por intuito manter-se sempre distante das modas intelectuais.[65]

Da relação pessoal entre Debord e Lefebvre não é possível saber detalhes. Infelizmente, a correspondência do autor dá poucas pistas a esse respeito. Do percurso narrado acima, podemos estudar, sobretudo, os debates que se estabeleceram por meio de textos publicados na revista da IS, notadamente sobre o romantismo revolucionário e sobre a teoria dos momentos. Adiciona-se a isso a conferência proferida por Debord no grupo de pesquisas de Lefebvre, publicada pouco depois na revista *Internationale Situationniste*[66] e referida por Lefebvre (1961) no segundo tomo de *Critique de la vie quotidienne*. Essa conferência pode ser agora contextualizada de maneira inédita graças ao caderno de anotações que encontrei nos arquivos de Guy Debord. Apresento neste capítulo um breve estudo desses diferentes debates, com exceção daquele que concerne à teoria dos momentos. Uma vez que essa teoria foi discutida por Debord em relação à sua proposta da "situação construída", analiso esse debate no próximo volume, dedicado à dimensão

---

[65] Por razão semelhante, foi referência para os estudantes da Universidade de Nanterre que iniciariam o Maio de 1968 na instituição.

[66] Ver Guy Debord, "Perspectives de modification consciente de la vie quotidienne", *Internationale Situationniste*, n. 6, p. 20-7, 1961. Uma versão ligeiramente mais fidedigna àquela apresentada por Debord foi publicada postumamente no volume *Enregistrements magnétiques* [Gravações magnéticas], que reúne gravações realizadas por Guy Debord (2010).

artística do percurso do autor.[67] Aqui, trataremos das temáticas do romantismo revolucionário e da vida cotidiana, além de abordar brevemente a interpretação histórica da Comuna de Paris.

ROMANTISMO REVOLUCIONÁRIO

Em outubro de 1957, a revista *Nouvelle Revue française* publicou um artigo de Henri Lefebvre intitulado "Vers un romantisme révolutionnaire".[68] O texto começa com o diagnóstico de uma dupla crise: uma crise política, por um lado, com o ideal socialista colocado em xeque pelos crimes do stalinismo, recentemente revelados; e uma crise cultural, por outro lado, motivada pelo desgaste das pretensões progressistas da arte moderna e manifesta no seu esgotamento formal. Lefebvre se volta, então, a uma análise da cultura para extrair daí um conceito de significado político. A crise manifesta na desagregação da forma seria, para ele, resultado de um dilaceramento (*déchirement*) entre os planos subjetivo e objetivo, isto é, uma contradição entre as aspirações volitivas produzidas pelo avanço da modernidade e o campo de possibilidades reais concretamente oferecidas pela sociedade moderna. Esse desacordo entre o subjetivo e o objetivo seria a característica essencial do romantismo, que nasce como resultado opositor da modernidade. Mas, até então, o romantismo teria manifestado seu desacordo de maneira reacionária, cultivando uma nostalgia mitificada do passado. Com o conceito de romantismo revolucionário, Lefebvre pretende conservar o caráter eminentemente crítico do romantismo como sintoma de uma crise aguda, mas tentando despi-lo de sua dimensão passadista. Trata-se, portanto, de uma concep-

---

[67] Ver também o capítulo "Constructed Situations" [Situações construídas] (Hemmens & Zacarias, 2020, p. 168-82).
[68] Aqui me servirei da reedição de 2011, organizada por Rémi Hess.

ção progressista de romantismo que estaria voltada não mais para o passado, e sim para o porvir:[69]

> Todo romantismo se funda sobre o desacordo, sobre o desdobramento e sobre o dilaceramento. Nesse sentido, o romantismo revolucionário perpetua e até mesmo aprofunda os desdobramentos românticos antigos. Mas esses desdobramentos românticos antigos ganham um sentido novo. A distância (tomar uma *boa distância*) com relação ao atual, o presente, o real, o existente, faz-se sob o signo do possível. E não em nome do passado, ou de uma fuga. (Lefebvre, 2011 [1957], p. 62)

Assim, se o romântico havia sido, até então, "o homem tomado pelo passado" (*l'homme en proie au passé*), o romântico-revolucionário seria, por sua vez, "o homem tomado pelo possível" (*l'homme en proie au possible*). A condição dramática do romântico-revolucionário é formulada pelo autor como uma consciência do "possível-impossível". Em outros termos, a insatisfação perante o campo de possibilidades dado na configuração histórica do presente se transformaria em abertura ao porvir, em busca pela instauração futura de outro campo de possibilidades, que Lefebvre resume na dialética do "possível-impossível". A recusa do "real amargo" em nome do "possível" é feita em nome de um "real mais real do que o real", vislumbrado em um horizonte indeterminado, em uma "proximidade distante" (Lefebvre,

---

[69] Essa insistência no porvir, que parece ser ainda caudatária de uma crença positiva no progresso, é provavelmente a maior distinção que podemos encontrar entre a conceitualização de Lefebvre e a noção de romantismo revolucionário de Michael Löwy e Robert Sayre. Em vez de descartar o passadismo romântico como puramente reacionário, distinguindo entre um bom e um mau romantismo, Löwy busca, com uma tipologia ampla, apreender os diferentes momentos de crítica à modernidade capitalista que o romantismo manifesta. E, como leitor de Walter Benjamin, abandona qualquer crença na "tempestade chamada progresso". Não deixa, porém, de reconhecer a importância do texto de Lefebvre (Löwy & Sayre, 2015, p. 208).

2011 [1957], p. 65). Enquanto a conformidade ao real presente se dá na aceitação dos possíveis-possíveis — "buscar um emprego, um apartamento, estabelecer-se no amor, considerar a vida dos outros homens e mulheres como um espetáculo" (Lefebvre, 2011 [1957], p. 66) —, o desacordo romântico se manifesta na busca de possíveis-impossíveis, exemplificados da seguinte forma: "A participação do homem e da mulher nas forças acumuladas nas esferas da técnica, do Estado, da riqueza. A comunicação, com uma linguagem apropriada, entre as consciências privadas. A calma sem monotonia, o gozo sem crueldade. A plenitude. A totalidade" (Lefebvre, 2011 [1957], p. 67).

Debord, que naquele mesmo ano havia apresentado seu "Rapport sur la construction de situations", no qual estabelece uma relação semelhante entre a crise política da esquerda e a crise artística das vanguardas e elenca como problema fulcral do presente o desacordo entre "o desejo e a realidade hostil ao desejo", não poderia ter ficado indiferente ao artigo de Lefebvre.[70] Ele redigiu, então, para o primeiro número de *Internationale Situationniste*, um texto intitulado "Thèses sur la révolution culturelle" [Teses sobre a revolução cultural], no qual responde ao artigo de Lefebvre:

> Estamos separados, na prática, da dominação real das forças materiais acumuladas por nosso tempo. A revolução comunista não foi feita e estamos ainda no âmbito da decomposição das velhas superestruturas culturais. Henri Lefebvre vê de modo justo que essa contradição está no centro de um desacordo especificamente moderno entre o indivíduo progressista e o mundo, e nomeia de romântico-revolucionária a tendência cultural fundada sobre esse desacordo. A insuficiência da concepção de

---

[70] Escrito no intuito de estabelecer uma plataforma comum para a criação de um novo grupo de vanguarda, Debord (2006 [1957]) propõe nesse texto um paralelo entre o exaurimento das vanguardas artísticas e o refluxo da revolução proletária no entreguerras.

Lefebvre está em fazer da simples expressão do desacordo o critério suficiente de uma ação revolucionária na cultura. Lefebvre renuncia de antemão a toda experiência de modificação cultural profunda ao satisfazer-se com um conteúdo: a consciência do possível-impossível (ainda muito distante), que pode ser expressa sob qualquer forma escolhida no âmbito da decomposição.[71]

Debord resume com exatidão o ponto central da argumentação de Lefebvre, e não apresenta real discordância com a tese do filósofo. Sua crítica está na verdade assente em uma diferença de pressupostos acerca da prática artística que lhes é contemporânea. Debord ainda fala aqui na posição de fundador de uma nova vanguarda artística. O objetivo dos situacionistas é formulado como uma emancipação completa em relação aos paradigmas tradicionais da arte, levando a cabo as práticas destrutivas colocadas em jogo pelo dadaísmo. Eles consideram que as formas tradicionais de representação são formas de "pseudocomunicação", as quais precisam ser destruídas para que se possa instaurar uma "comunicação direta". Vemos aqui como o diagnóstico de Debord sobre a arte é o mesmo que será depois transposto para a integralidade da sociedade, e que o espetáculo é compreendido como o âmbito da pseudocomunicação que precisa ser abolido para o estabelecimento de uma comunicação direta nos mais diferentes níveis.[72] Aqui, mais simplesmente, trata-se de uma recusa da obra de arte, entendida como objeto representativo,

---

[71] Guy Debord, "Thèses sur la revolution culturelle", *Internationale Situationniste*, n. 1, 1958, p. 21.
[72] No âmbito político, por exemplo, seria necessário abolir a representação partidária, compreendida como espetáculo, para a implantação dos conselhos operários, compreendidos como espaços onde a comunicação direta seria possível. É necessário notar que a própria noção de uma comunicação direta é já, em larga medida, romântica; ver Gerard Briche, "Le 'spectacle' comme illusion et comme réalité" [O "espetáculo" como ilusão e como realidade] (Rogozinski & Vanni, 2010, p. 103-16).

em prol de uma proposta de arte experimental centrada sobre a noção de situação.[73] A dissonância entre as propostas de Lefebvre e de Debord se deveu, portanto, muito mais à diferença do lugar de ambos no campo cultural do que a uma verdadeira discrepância conceitual. Lefebvre falava como um teórico que buscou elaborar noções críticas para a apreensão da produção artístico-literária. Debord, por sua vez, falava como agente no campo artístico que buscou valorizar uma determinada concepção de arte em oposição a outras. É por essa razão que Debord conclui seu texto da seguinte maneira:

> No mundo da decomposição, podemos fazer o ensaio, mas não o uso real de nossas forças. A tarefa prática de superar nosso desacordo com o mundo, isto é, de superar a decomposição por meio de construções superiores, não é romântica. Seremos "românticos revolucionários", no sentido de Lefebvre, exatamente na medida de nosso fracasso.[74]

O fracasso se daria, portanto, caso os situacionistas não conseguissem fazer mais do que *expressar* artisticamente seu desacordo com o real existente, em vez de alterar concretamente as condições mesmas desse real, abrindo novos possíveis. Essa discordância é reiterada pelos situacionistas em outro número de sua revista, no qual escrevem:

> Quando Lefebvre propõe uma concepção da arte moderna (o romantismo revolucionário), ele aconselha aos artistas um retorno a esse gênero de expressão — ou a outras ainda mais antigas — para exprimir a sensação profunda da vida e as contradições dos homens avançados de seu tempo; isto é, indistintamente de seu público e de si mesmos. Lefebvre quer ignorar que essa sensação e essas

---

[73] Trata-se do mesmo desacordo de fundo no debate a respeito da teoria dos momentos; ver Hemmens e Zacarias (2020, p. 168-82).
[74] Guy Debord, "Thèses sur la revolution culturelle", *op. cit.*

contradições já foram expressas por toda a arte moderna, e justamente *até a destruição da própria expressão*.[75]

Motivado por essas menções, Lefebvre contatou o diretor de redação da *Internationale Situationniste*. Em resposta, Debord lhe transmitiu um cartão de visita no qual se identifica como "romântico revolucionário". Lefebvre, então, escreve-lhe, em 30 de abril de 1960: "Aprecio a ironia da divisa 'romantismo revolucionário' em seu cartão. Mas o que exatamente você quis dizer? [...] Você quer acabar de destruir o 'mundo da expressão', o que não me desagrada, mas não provém do 'romantismo revolucionário' ou assim autoproclamado?" (Debord, 1999, p. 331). Em sua resposta, ele esclarece sua compreensão do conceito de Lefebvre, dando-lhe um caráter mais específico:

> O romantismo revolucionário, como você o definiu até aqui como conteúdo, como motivação, pode ser aplicado à análise de todas as manifestações da consciência moderna (podendo inclusive ser expresso em um romance de forma stendhaliana) [...] Mas nos parece que nessa manifestação específica que é a dissolução da arte moderna, essas formas que se negam a si próprias são diretamente motivadas pela contradição central do romantismo revolucionário, são as formas próprias desse conteúdo. (Debord, 1999, p. 332)

Ou seja, para Debord, embora o desacordo romântico possa ser expresso, enquanto conteúdo, sob diversas formas artísticas — inclusive sob formas mais estáveis, como o romance em literatura —, o seu ponto de culminância se encontraria na fase atual de desconstrução dos meios expressivos proposta pela arte moderna — momento em que a própria forma

---

[75] "Le sens du dépérissement dans l'art" [O sentido do enfraquecimento da arte], *Internationale Situationniste*, n. 3, dez. 1959, p. 5.

é já expressão desse desacordo. Debord ainda sublinha um segundo ponto:

> Se o romantismo pode ser caracterizado, de modo geral, pela recusa do presente, sua não existência tradicional é um movimento em direção ao passado; e sua variante "revolucionária", uma impaciência do futuro. Esses dois aspectos estão em conflito em toda a arte moderna, mas creio que apenas o segundo, aquele que se entrega às reivindicações novas, representa a importância dessa época artística. (Debord, 1999, p. 332)

De toda forma, percebe-se que não há contradição substancial entre os diagnósticos de realidade de ambos os autores. Pelo contrário, Debord acredita que o desacordo identificado por Lefebvre seria uma marca maior da modernidade, uma característica inerente à consciência, ou mesmo à inconsciência moderna: "Não podemos pensar que vivemos hoje e, portanto, somos românticos revolucionários — se este é o termo — mesmo inconscientemente?", escreve Debord na mesma carta endereçada a Lefebvre, esclarecendo em seguida em que consiste a posição de seu grupo: "Conto com as perspectivas 'situacionistas' [...] ao menos para homologar nosso romantismo do lado revolucionário; e, na melhor das hipóteses, para superar todo romantismo" (Debord, 1999, p. 332). Ora, a demanda de superar todo romantismo não é outra senão aquela de transformar concretamente a vida cotidiana. Aquilo que supostamente afastava Debord de Lefebvre era, na verdade, o que os aproximava.

VIDA COTIDIANA

Uma vez estabelecido o contato, Debord e Lefebvre se aproximaram paulatinamente, até que este convidou o situacionista a participar das reuniões do Grupo de Pesquisas sobre a Vida Cotidiana que inaugurou no CNRS. Debord foi convidado notadamente a apresentar uma conferência aos membros do grupo. Assistiu, então, às reuniões que antecederam sua própria apresentação, tomando notas dos problemas discutidos. Essas anotações estão contidas em dois cadernos que se encontram em seus arquivos — um deles, aliás, é o mesmo que guarda as notas das reuniões do Socialismo ou Barbárie. São registros particularmente interessantes, pois nos permitem tomar conhecimento das formulações que Henri Lefebvre tinha à época sobre o tema, e que confluíram para a elaboração do segundo tomo de *Critique de la vie quotidienne*, publicado em 1961. Ao mesmo tempo, vemos como Debord se aproximou de certos debates importantes no meio universitário de então através do filtro de Lefebvre; por exemplo, quando o sociólogo tratou do avanço da semiologia, apresentando a teoria da linguística estrutural de Ferdinand Saussure, e discutindo seu uso contemporâneo por autores em voga, como Roland Barthes. Não obstante, Lefebvre o fez já criticando o estruturalismo e propondo outra acepção de decodificação da linguagem, o que também determinou uma apreensão enviesada por parte de seus auditores.[76]

O principal objetivo das anotações de Debord era, porém, embasar a elaboração de sua própria conferência, com a qual ele pretendeu responder aos questionamentos levantados nas reuniões do grupo.[77] Cotejando texto e anotações, podemos

---

[76] As formulações de Lefebvre sobre o tema se encontram no quarto capítulo do segundo tomo de *Critique de la vie quotidienne*, intitulado "Théorie du champ sémantique" [Teoria do campo semântico] (Lefebvre, 1961, p. 278-314).

[77] Nesse sentido, as anotações de Debord não devem ser vistas como notas de um aluno em sala de aula, não só por possuírem um fim específico, mas também pela relação de igualdade que ele estabeleceu com Lefebvre. É uma relação distinta daquela estabelecida pelos estudantes da década de 1960, alunos de Lefebvre em Nanterre e em Estrasburgo, que prolongariam as ideias do filósofo no movimento de 1968. Isso vale também para alguns situacionistas mais jovens, como Mustapha Khayati, que frequentou os cursos de Henri Lefebvre na Universidade de Estrasburgo. As numerosas anotações de aula e

ver de maneira nítida esse movimento. Assim, no primeiro encontro, Lefebvre buscou definir seu objeto com vistas a estabelecer um possível programa de estudos. Vemos nas notas de Debord que Lefebvre afirmou que a "dificuldade" inicial da "pesquisa sobre vida cotidiana" reside no fato de ela ser o "terreno de encontro da sociologia empírica e da elaboração conceitual".[78] Isso a faz ser malquista tanto pelo marxismo, por conta "do caráter não comum da vida cotidiana entre as classes", quanto por aquilo que Lefebvre considerou as "doutrinas estabelecidas" nas ciências humanas de então, a saber, o estruturalismo e o culturalismo, que o autor comentaria em outros encontros. Debord responderia diretamente a essa afirmação de Lefebvre em seu texto:

> Devemos sublinhar o fato de que a observação desinteressada é ainda menos possível aqui que em qualquer outro lugar. O que torna difícil mesmo o reconhecimento de um domínio da vida cotidiana não é apenas que este seria o lugar de encontro de uma sociologia empírica e de uma elaboração conceitual, mas também que este vem a ser, nesse momento, o lugar onde se joga toda a renovação revolucionária da cultura e da política.[79]

Aqui se vê um dos motores do texto de Debord: tentar impedir que a "vida cotidiana" se restrinja a mero objeto de estudo especializado das ciências sociais. Ele se opõe, a todo momento, à restrição do conceito ao campo epistemológico, e tenta afirmar

---

apostilas estão preservadas em seus arquivos, hoje na Biblioteca Beinecke de Livros Raros e Manuscritos da Universidade Yale.
[78] "Guy Debord, notes prises aux réunions du Groupe de recherche sur la vie quotidienne" [Notas das reuniões do grupo de pesquisa sobre a vida cotidiana], manuscrito autógrafo (Fonds Guy Debord, NAF 28603, Lot 1 / C, 2, 20). Todas as referências sucessivas às notas de Debord remeterão ao mesmo manuscrito.
[79] Guy Debord, "Perspectives de modification consciente de la vie quotidienne", *op. cit.*, p. 21-2.

seu valor político. Essa sua vontade não é estranha a Lefebvre, que também reconhece a centralidade do conceito para um projeto político emancipador: "Transformar o mundo é transformar conjuntamente a vida cotidiana".[80] Reconhece ainda que "a criação *se faz* na vida cotidiana", compreendida como um "nível da práxis".[81] Não obstante, como sociólogo responsável por um grupo de pesquisas, seu objetivo não deixa de ser delimitar seu objeto de estudo, e chega finalmente a uma "definição": a vida cotidiana seria "aquilo que resta quando extraímos do vivido todas as atividades especializadas".[82] Debord aceita a definição de Lefebvre, porém a utiliza mais uma vez para se contrapor à especialização da sociologia:

> Certo número de sociólogos parece pouco inclinado a imaginar outros aspectos da vida cotidiana com base na definição proposta por Henri Lefebvre, a saber, "aquilo que resta quando extraímos do vivido todas as atividades especializadas". Aqui, descobrimos que a maioria dos sociólogos [...] reconhece atividades especializadas em toda parte, e a vida cotidiana em lugar algum. A vida cotidiana está sempre em outro lugar. Na casa de outrem. Em todo caso, nas classes não sociologistas da população.[83]

O ataque de Debord é característico da recusa situacionista dos espaços institucionalizados do saber. Mas ele também possui um motivo mais prosaico: o reiterado questionamento da validade do objeto pelos próprios membros do grupo de pesquisa de Lefebvre. É o que indica mais adiante: "desde que esse grupo foi constituído, sua característica mais surpreendente não é a de

---

[80] "Guy Debord, notes prises aux réunions du Groupe de recherche sur la vie quotidienne", *op. cit.*
[81] *Idem.*
[82] *Idem.*
[83] Guy Debord, "Perspectives de modification consciente de la vie quotidienne", *op. cit.*, p. 21.

não ter descoberto nada, mas que a contestação da própria existência da vida cotidiana tenha sido enunciada desde o início, sem cessar de ser reiterada a cada encontro".[84] Em nítida oposição a seus colegas, ele propõe que a vida cotidiana seja tomada como conceito, literalmente, central, tanto para a teoria social quanto para a criação cultural, ou ainda para a luta política:

> A vida cotidiana não é tudo, mesmo estando em osmose com as atividades especializadas a tal ponto que, de certa forma, nunca estamos fora da vida cotidiana. Mas se recorrermos à imagem fácil de uma representação espacial das atividades, seria preciso instalar a vida cotidiana no centro de tudo. Cada projeto parte dela e retorna a ela para encontrar nela seu verdadeiro significado. A vida cotidiana é a medida de todas as coisas: da completude ou da incompletude das relações humanas; do emprego do tempo vivido; das pesquisas artísticas; da política revolucionária.[85]

Para Debord, a vida cotidiana aparece, portanto, como o ponto a partir do qual se pode articular a apreensão da totalidade. Deve-se lembrar que a perspectiva da totalidade é reivindicada por Lukács como contraposição necessária à parcialização dos saberes levada a cabo pela modernização capitalista — fragmentação que se encontra na base mesma do fenômeno da reificação.[86] Debord se fez um herdeiro dessa reivindicação,

---

[84] Guy Debord, "Perspectives de modification consciente de la vie quotidienne", *op. cit.*, p. 21.
[85] *Ibidem*.
[86] Podemos lembrar aqui uma citação de Lukács que se encontra nas notas inéditas de Guy Debord, e que este considerou utilizar como epígrafe em *A sociedade do espetáculo*: "O isolamento — por abstração — dos elementos, tanto de um domínio de investigação quanto de conjuntos específicos de problemas ou conceitos no interior de uma área de pesquisa, é certamente inevitável. O que permanece decisivo, no entanto, é saber se esse isolamento é somente um meio para o conhecimento do todo, isto é, se ele se integra sempre no contexto correto de conjunto que pressupõe e ao qual apela, ou ainda se o conhecimento

recusando toda forma de especialização e buscando articular os valores de esferas sociais distintas em uma perspectiva totalizante. Para que tal articulação seja possível, é necessário situar a perspectiva da crítica social no ponto de vista da vida cotidiana. Dessa forma, a vida cotidiana não é mais apenas o objeto a ser estudado criticamente como também o local de emissão da crítica social: "Parece-me que este termo, 'crítica da vida cotidiana', poderia e deveria estender-se também com essa inversão: crítica que a vida cotidiana exerceria, soberanamente, sobre tudo o que lhe é superfluamente exterior".[87] Por exemplo, é desse ponto de vista que seria possível, para Debord, criticar de maneira justa o insucesso do "socialismo real":

> Não é a qualquer estágio de sua tática ou de seu dogmatismo que devemos nos opor aos dirigentes burocráticos da Rússia, mas basicamente sobre o fato de que a vida das pessoas não mudou verdadeiramente de sentido. E isso não é uma fatalidade obscura da vida cotidiana, destinada a permanecer reacionária. É uma fatalidade imposta exteriormente à vida cotidiana pela esfera reacionária dos dirigentes especializados, qualquer que seja a etiqueta sob a qual eles planificam a miséria em todos os seus aspectos.[88]

abstrato do domínio parcial isolado conserva sua 'autonomia', e permanece um 'fim em si'. Para o marxismo, em última análise, não há, portanto, uma ciência jurídica, uma economia política e uma história etc. autônomas, mas somente uma ciência histórico-dialética, única e unitária, do desenvolvimento da sociedade como totalidade" (Lukács, 2003, p. 107). Outra citação próxima a essa é empregada pelos situacionistas no quarto número de sua revista: "O domínio da categoria da totalidade é o portador do princípio revolucionário na ciência"; ver Lukács (2003, p. 106) *apud* Guy Debord, "À propos de quelques erreurs d'interpétation", *Internationale Situationniste*, n. 4, jun. 1960, p. 31.
[87] Guy Debord, "Perspectives de modification consciente de la vie quotidienne", *op. cit.*, p. 26.
[88] *Ibidem*.

Essa passagem é exemplar de como a vida cotidiana deixa de ser alvo da crítica para se tornar o ponto a partir do qual se enuncia a crítica, o *punto di sguardo* a partir do qual é possível elaborar uma crítica política de uma forma de dominação que revela a contradição de sua situação material com sua forma ideológica.

Nesse sentido, uma questão levantada por Lefebvre parece a Debord de extrema importância: "A vida privada é privada de quê?", questiona o sociólogo.[89] Debord sugere: "privada *de vida*".[90] "É isso que os situacionistas querem dizer", ele anota em seu caderno. E adiciona ainda: "notar bem que toda hipótese de resposta a essa pergunta não pode ser outra coisa que não um projeto de enriquecimento — projeto de outro estilo de vida —, na verdade, de um estilo".[91] A anotação comparece de maneira muito semelhante no texto final:

> Perguntamo-nos: "A vida privada está privada de quê?". Simplesmente de vida, que dela está cruelmente ausente. As pessoas estão tão privadas quanto possível de comunicação; e da realização de si. Seria preciso dizer: de fazer sua própria história, pessoalmente. As hipóteses para responder positivamente a essa questão sobre a natureza da privação podem apenas ser enunciadas, portanto, sob a forma de projetos de enriquecimento: projeto de um outro estilo de vida, na verdade, de um estilo...[92]

É interessante perceber que, ao evocar um "projeto de estilo de vida", Debord utiliza-se de uma categoria estética com intuito de enunciar um projeto político. Em suas notas, vemos

---

[89] "Guy Debord, notes prises aux réunions du Groupe de recherche sur la vie quotidienne", *op. cit.*
[90] *Idem.*
[91] *Idem.*
[92] Guy Debord, "Perspectives de modification consciente de la vie quotidienne", *op. cit.*, p. 24.

que tal confluência entre o estético e o político remete mais uma vez à noção lefebvriana de romantismo revolucionário. À margem dessa questão, encontra-se a seguinte observação: "É o romantismo revolucionário. Devo dizer, e frisar, que a solução do romantismo revolucionário é uma política total. Situacionista e outra. E especialização na antiespecialização. Retomar todas as reivindicações passadas chamadas de 'românticas'".[93] Percebe-se, enfim, que romantismo revolucionário e crítica da vida cotidiana se encontram no ponto de oposição ao parcelamento da experiência e na vontade de rearticulação da totalidade.

A COMUNA DE PARIS

O uso inabitual da noção de estilo, como evocado por Debord, aparece também na abertura do livro de Henri Lefebvre, *La proclamation de la Commune* [A proclamação da Comuna] (1965). Ele inicia essa longa obra por um capítulo intitulado "Estilo e método", no qual propõe definir antes de mais nada o "estilo" da Comuna de Paris. A noção de estilo era então atrelada à noção marxiana de práxis — o estilo deixa de ser uma categoria puramente estética para ser compreendido como uma forma ou um sentido da práxis. É no intuito de definir o estilo da Comuna que Lefebvre (1965, p. 20) chega, finalmente, à seguinte conclusão: "A Comuna de Paris? Foi antes de tudo uma imensa, uma grandiosa festa".

Não é difícil pressentir nessa afirmação ecos da valorização situacionista da festa e do jogo como modos de vivência antagônicos ao empobrecimento da vida sob o capitalismo e a organização da vida social em torno do trabalho abstrato. Diferentemente de outros casos, porém, não se trata de uma

---

[93] "Guy Debord, notes prises aux réunions du Groupe de recherche sur la vie quotidienne", *op. cit.*

ressonância indireta. O empréstimo de ideias situacionistas por parte de Lefebvre, na redação de sua obra sobre a Comuna de Paris, é precisamente o que motivará a rusga entre o filósofo e o grupo de Debord. No período em que se frequentavam, Lefebvre já preparava o livro, que havia sido encomendado para uma coleção da editora Gallimard, intitulada "Trente journées qui ont fait la France" [Trinta dias que fizeram a França]. O filósofo teria pedido aos situacionistas "algumas notas que poderiam ser úteis em seu trabalho". Acreditando encontrar nisso a ocasião para que algumas de suas "teses radicais sobre o assunto" chegassem a uma "coleção acessível ao grande público", os situacionistas aquiesceram, e "essas notas lhe foram efetivamente comunicadas no início de abril de 1962".[94] Todavia, antes que Lefebvre terminasse seu livro, decidiu publicar um artigo antecipando algumas de suas ideias na revista *Arguments*. Surpreendidos em ver suas ideias comparecerem nas páginas de outra revista — que ademais tinham por adversária, como já mencionado —, os situacionistas decidiram denunciar publicamente Lefebvre por plágio. Editaram então uma brochura, intitulada "Aux poubelles de l'histoire", na qual apresentavam seu texto emparelhado com trechos do artigo de Lefebvre. As semelhanças entre as passagens eram evidentes. As catorze teses situacionistas vinham assinadas por três membros do grupo — Debord, Vaneigem e Kotányi — e introduzidas por um breve texto que denunciava o plágio. A ruptura entre o grupo e o filósofo estava consumada.

O livro de Lefebvre seria publicado apenas em 1965. Na introdução da obra, e apesar da ruptura, o autor ainda agradece a "Guy Debud [sic!] e Michèle Bernstein, que o apoiaram com sua amizade ao longo de fecundas e cordiais conversas durante a elaboração deste livro" (Lefebvre, 1965, p. 11). Anos mais tarde,

---

[94] "Aux poubelles de l'histoire!" [Às lixeiras da história], *Internationale Situationniste*, n. 12, set. 1969 [1963], p. 108.

ele rememoraria o ocorrido com base precisamente em sua relação com o casal Debord e Bernstein. Lembrou-se de uma visita deles à sua casa nos Pirineus, na época em que havia começado a preparação do livro, durante a qual discutiram longamente sobre a Comuna de Paris. A seu pedido, o casal teria produzido um texto com as ideias debatidas, do qual o filósofo admitiu ter se servido, assumindo inclusive que "a ideia da Comuna como festa revolucionária" era oriunda dessas discussões. Entretanto, mostrou-se surpreso com a acusação de plágio, uma vez que o texto seria "resultado de nossa reflexão comum, ou melhor, de nossa efervescência comum". Assim, apesar da denúncia ocorrida anos antes, Lefebvre não deixou de se servir das interpretações situacionistas em seu livro.

Decerto o que causou o entrevero entre os autores não foi o uso que faria Lefebvre dessas ideias, e sim o fato de ter publicado o artigo anos antes na revista *Arguments*. Os situacionistas já tinham previamente decretado um boicote contra o periódico, acusando seus autores de "confusionismo" político e mediocridade intelectual. Em *Arguments*, coadunavam-se intelectuais de esquerda não alinhados com a ortodoxia comunista, muitos deles ex-integrantes do PCF, como o próprio Lefebvre, mas sem terem estabelecido nenhuma linha política ou intelectual definida. Os situacionistas lamentaram que Lefebvre não notasse a distância que o separava dos contribuidores habituais da revista.[95]

Além disso, é importante sublinhar outra diferença. Ao artigo de Lefebvre, os situacionistas contrapuseram o texto "Sobre a Comuna", que não foi apresentado como composto de notas de Debord e Bernstein, e sim como um texto redigido por três situacionistas, datado de 18 de março de 1962. A data é, evidentemente, simbólica, fazendo coincidir o momento da

---

[95] "Aux poubelles de l'histoire!", *op. cit.*, p. 108. É claro que, além das opiniões divergentes — intelectuais ou políticas —, estava também em jogo uma disputa direta por um leitorado comum.

redação do texto com a data da proclamação da Comuna de Paris. Seria possível imaginar que o texto tenha sido pré-datado para poder servir à acusação de plágio contra o artigo de Lefebvre. Contudo, a correspondência entre Guy Debord e Raoul Vaneigem confirma que a redação das teses se dá entre os meses de março e abril de 1962. Em carta de março desse mesmo ano, escrita após uma visita a Paris, Vaneigem lamenta a falta de tempo para "refletir sobre as teses sobre a Comuna", o que demonstra que o tema foi discutido em seu encontro com Debord. Na mesma carta, ele sugere o que poderiam ser as linhas gerais do texto, destacando "a festa e o assassinato dos símbolos (Coluna [Vendôme], igrejas, Louvre) e a vontade de repoetizar (*repoétiser*) = transformar o mundo com signos novos". Pouco depois, em cartão-postal de abril, Vaneigem avisa a Debord que as "teses foram enviadas". [96] A elaboração do texto não concerniu, portanto, apenas a Guy Debord e Michèle Berstein, e tampouco resultou somente das conversas partilhadas com Lefebvre. Fruto de uma elaboração envolvendo diversos situacionistas, não é de se estranhar o espanto do grupo ao ver suas ideias ressoando nas páginas da revista adversária.

Esclarecidos os pontos principais do ocorrido, e deixando de lado os pormenores biográficos, interessa aqui retomar o texto situacionista, coescrito por Guy Debord, no intuito de frisar suas principais teses. Em "Les mauvais jours finiront" [Os dias ruins acabarão] — título que remete à canção "La semaine sanglante", escrita por Jean-Baptiste Clément durante a Comuna de Paris —, os situacionistas apontam para a necessidade de reavaliar a história do movimento operário "de maneira desiludida", propondo uma inversão de seus sentidos: "os sucessos aparentes desse movimento são seus fracassos fundamentais [...] e seus fracas-

---

[96] A carta e o cartão-postal citados fazem parte do conjunto de correspondências inéditas de Raoul Vaneigem (Biblioteca Beinecke de Livros Raros e Manuscritos, Universidade Yale, Raoul Vaneigem Papers, GEN MSS 1455, series V, box 37).

sos são até o momento seus sucessos abertos para nós e para o futuro".[97] Entre os mais célebres "fracassos" estaria justamente a Comuna de Paris, vista pela posterior leitura marxista — sobretudo aquela inaugurada por Lênin — como uma revolução malograda por sua incapacidade de constituir um aparelho estatal. Essa leitura, reiterada por meio século, tornava-se então passível de ser desmontada, acreditavam os situacionistas, precisamente em razão das contradições oriundas do poder estatal ensejado por Lênin após a Revolução de Outubro. Assim, escreveram:

> Todos souberam fazer críticas justas às incoerências da Comuna, da manifesta falta de um *aparelho*. Mas, como pensamos hoje que o problema dos aparelhos políticos é bem mais complexo do que pretendem os herdeiros abusivos do aparelho de tipo bolchevique, é tempo de considerar a Comuna não apenas como um primitivismo revolucionário ultrapassado, cujos erros foram todos superados, mas como uma experiência positiva, cuja verdade integral não foi ainda reencontrada e realizada.[98]

Em sua percepção provocadora e heterodoxa, os situacionistas sustentavam ser "precisamente os atos 'irresponsáveis' desse movimento que devem ser reivindicados para a continuação do movimento revolucionário de nosso tempo".[99] Para eles, "a Comuna de Paris foi vencida menos pela força das armas que pela força do hábito", o que se via tanto na "recusa em recorrer ao canhão para tomar o Banco da França" quanto em "outros hábitos ideológicos [que] foram ruinosos a todos os propósitos (a ressurreição do jacobinismo, a es-

---

[97] "Les mauvais jours finiront", *Internationale Situationniste*, n. 7, abr. 1962, p. 10.
[98] Guy Debord, Attila Kotányi & Raoul Vaneigem, "Teses sobre a Comuna", *op. cit.*, p. 122.
[99] *Ibidem*.

tratégia derrotista das barricadas em memória de 48 etc.)".[100] Concluíam, então, que "a verdadeira 'quinta coluna' está no próprio espírito dos revolucionários".[101] Por isso, sustentavam que a Comuna não podia ser julgada anacronicamente: sua "audácia e a invenção [...] não se mesuram evidentemente em relação à nossa época, mas em relação às banalidades de então na vida política, intelectual, moral". Sua força se revelava onde tinha logrado "levar a discórdia" para o seio das banalidades políticas de seu tempo. De maneira semelhante, acreditavam que apenas "considerando a solidariedade das banalidades atuais (de direita e de esquerda) concebemos a medida da invenção que podemos esperar de uma explosão igual".[102] Era justamente essa que os situacionistas acreditavam ser sua tarefa, a de fazer saltar aos ares as velhas ideias que entravavam a transformação emancipadora da sociedade. Não era apenas nisso que os situacionistas se viam como continuadores da Comuna, ou, inversamente, que pensavam encontrar nela uma experiência precursora dos anseios do grupo: "A Comuna representa até hoje *a única realização de um urbanismo revolucionário*, combatendo em campo os signos petrificados da organização dominante da vida, reconhecendo o espaço social em termos políticos, não acreditando que um monumento pudesse ser inocente".[103]

Defensores de uma noção positiva de vandalismo, os situacionistas se colocavam ao lado dos *communards* em suas destruições de monumentos estatais e construções simbólicas da ordem que visavam abolir. A mais famosa delas foi certamente a derrubada da Coluna Vendôme, cuja representação foi diver-

---

100 Guy Debord, Attila Kotányi & Raoul Vaneigem, "Teses sobre a Comuna", *op. cit.*, p. 123.
101 *Ibidem*.
102 *Idem*, p. 124.
103 *Idem*, p. 123.

sas vezes evocada pelos situacionistas.[104] Erigida por Napoleão Bonaparte, a Coluna era um símbolo do poder imperial prolongado por Napoleão III, e foi levada abaixo pelos insurgentes em maio de 1871.[105] Essa e outras destruições levadas a cabo pelos *communards* eram ressignificadas pelos situacionistas como uma realização *avant la lettre* de suas concepções críticas do urbanismo. O conceito de buraco positivo, emprestado da física moderna, foi mobilizado por Raoul Vaneigem e Attila Kotányi para explicar a necessidade de criar novos espaços vazios em um território que "já está ocupado pelo inimigo".[106] Por fim, os situacionistas projetaram sobre a Comuna aquilo que almejavam como uma revolução futura. A ideia não era a tomada do poder — que se provou instável e efêmera —, mas uma reapropriação lúdica e festiva do cotidiano: "A Comuna foi a maior festa do século XIX. Nela encontramos, fundamentalmente, a impressão dos insurretos de terem se tornado senhores de sua própria história, não tanto no nível da decisão política 'governamental', mas no âmbito da vida cotidiana".[107]

[104] Uma reprodução da Coluna derrubada ilustra o texto já mencionado "Les mauvais jours finiront". Além disso, nos arquivos dos situacionistas encontramos a presença recorrente da imagem da Coluna. Guy Debord, por exemplo, serviu-se com grande frequência de cartões-postais da Coluna Vendôme quando escreve para Raoul Vaneigem.
[105] Nome célebre entre os eleitos da Comuna, o pintor Gustave Courbet foi responsabilizado pela derrubada da Coluna Vendôme, e condenado a pagar por sua reconstrução. O artista teve todos seus bens confiscados e exilou-se na Suíça. Hoje apresentado como parte do panteão da "arte francesa", Courbet teve sua vida arruinada pelo Estado francês durante a Terceira República.
[106] Raoul Vaneigem & Attila Kotányi, "Programme élémentaire du bureau d'urbanisme unitaire" [Programa elementar do escritório de urbanismo unitário], *Internationale Situationniste*, n. 6, p. 16-9, 1961.
[107] Guy Debord, Attila Kotányi & Raoul Vaneigem, "Teses sobre a Comuna", *op. cit.*, p. 121.

NECESSIDADE E DESEJO

Existe ainda uma questão importante que diz respeito ao problema da vida cotidiana, e que precisa ser visitada antes que passemos ao debate sobre o freudo-marxismo. Como notamos, as discussões realizadas no grupo de pesquisas do qual Debord participava deram fundamento ao conteúdo do livro que Henri Lefebvre publicaria em seguida, o segundo tomo de *Critique de la vie quotidienne*. Nessa obra, o autor sustenta a relevância especial do estudo da vida cotidiana, algo que permitiria a articulação entre reflexões mais gerais, de ordem filosófica, com investigações de ordem empírica, mais propriamente sociológicas: "o estudo analítico e crítico da vida cotidiana é particularmente favorável à junção de fatos e de conceitos [...], abrindo caminho entre as mediações filosóficas e as pesquisas parciais e especializadas" (Lefebvre, 1961, p. 11). Para demonstrar a importância privilegiada da vida cotidiana como campo de estudos capaz de articular o conceitual ao empírico, Lefebvre propõe uma reflexão sobre um tema complexo: a relação entre necessidade e desejo. "Quando se sabe manejar os conceitos gerais", escreve, "é possível definir o homem como 'ser da necessidade', e construir uma teoria sobre a necessidade e o mundo da necessidade" (Lefebvre, 1961, p. 11). O conceito de necessidade (*besoin*) aparece aqui atrelado ao conceito de carência (*manque*): "pode-se demonstrar como, pela necessidade e a carência, e pela consciência da carência, o homem e sua consciência saem do estado de natureza" (Lefebvre, 1961, p. 11). Articuladas, necessidade e carência tornam-se impulso vital para a transformação do real e fundamento antropológico para superação do estado de natureza. É, finalmente, "na e pela necessidade que a liberdade nasce e encontra ocasião de se exercer" (Lefebvre, 1961, p. 12). Mas Lefebvre reconhece que essa reflexão inicial — que poderia ser mapeada nos textos clássicos de filosofia, inclusive em textos mais e menos conhecidos de Marx — compõe apenas "uma filosofia da carência e da necessidade, abstrata e unilateral como toda filosofia" (Lefebvre, 1961, p. 12). A ela, seria necessário contrapor a experiência social. "Na imprensa, na publicidade [...] nota-se facilmente a expressão de um número imenso de necessidades", escreve Lefebvre, esclarecendo que, nesse caso, "não consideramos mais a necessidade em geral, mas a necessidade disso ou daquilo" (Lefebvre, 1961, p. 12). O que se expressa agora na realidade social não seria mais a necessidade, e sim o desejo, ou melhor, os "desejos fugitivos e múltiplos com suas 'motivações'" (Lefebvre, 1961, p. 13). O autor, portanto, estabelece uma clara distinção entre necessidade e desejo: "A necessidade é determinada biologicamente, fisiologicamente. Ela é 'genérica': pertence à espécie humana. O desejo é, ao mesmo tempo, individual e social, isto é, reconhecido — ou excluído — por uma sociedade" (Lefebvre, 1961, p. 12). A questão remanescente seria compreender de que modo "se passa da necessidade ou das necessidades ao desejo", uma vez que "entre necessidade e desejo há inúmeras mediações". "Na verdade", escreve o teórico, "há tudo: a sociedade inteira" (Lefebvre, 1961, p. 14). Como resposta, propõe aquilo que descreve como um "movimento dialético infinitamente complexo" (Lefebvre, 1961, p. 15) entre necessidade e desejo:

> O desejo é profundamente diferente da necessidade. Ele pode até mesmo lutar contra a necessidade para se libertar dela. [...] Porém, inicialmente, não há desejo sem uma necessidade que lhe sirva de núcleo, de ponto de partida, de base [...]. Mais cedo ou mais tarde, o desejo retorna à necessidade, para retomá-la e nela se reencontrar, para se reinvestir reencontrando ali sua espontaneidade e sua vitalidade. (Lefebvre, 1961, p. 15)

Desenhado o percurso que leva da necessidade ao desejo e do desejo à necessidade, Lefebvre logo relativiza sua validade, uma vez que "esse caminho pode ser falseado por intervenções estrangeiras" (Lefebvre, 1961, p. 16) — fato comum na sociedade de consumo em que vivemos. Assim, escreve:

> O consumidor não deseja. [...] Ele obedece às sugestões que lhe são dadas pela publicidade, pelos serviços de venda e pelas exigências do prestígio social. [...] O circuito da necessidade ao desejo e do desejo à necessidade é constantemente rompido ou deformado. [...] Os desejos não correspondem mais às verdadeiras necessidades, eles são factícios. (Lefebvre, 1961, p. 16)

É aqui que intervém a referência a Debord, quando Lefebvre remete à conferência em sua versão publicada em *Internationale Situationniste*: "A vida cotidiana, segundo expressão enérgica de Guy Debord, é literalmente 'colonizada'". Ela é levada à alienação extrema, isto é, à insatisfação profunda, em nome de técnicas recentes e da sociedade de consumo. E ele conclui com uma afirmação de fundo marcadamente situacionista: "Ora, essas técnicas tornariam possíveis uma cotidianidade outra e diferente" (Lefebvre, 1961, p. 17). Ao contrário disso, o que ocorreria seria "um nivelamento das necessidades sociais", um "alinhamento dos desejos", com a progressiva "substituição de antigos 'gêneros de vida' tão diversos, por cotidianidades análogas, senão idênticas" (Lefebvre, 1961, p. 17).

Ao determinar que o avanço do capitalismo é marcado pela progressiva homogeneização das formas de vida cotidiana, ele não se aproxima apenas do texto que Debord apresentou em seu grupo; avizinha-se também de um ponto que permaneceria central no ulterior desenvolvimento de sua teoria. De modo análogo, o problema da diferenciação entre necessidade e desejo será igualmente importante no interior da teoria da sociedade do espetáculo — mas tomará caminhos distintos daqueles propostos por Lefebvre. Em *A sociedade do espetáculo*, a contraposição entre necessidade (*besoin*) e desejo (*désir*), mais do que uma oposição entre natureza e cultura, parece remeter à oposição entre inconsciência e consciência. "Quanto mais [o espectador] contempla, menos ele vive; quanto mais ele aceita se reconhecer nas imagens dominantes da necessidade, menos ele compreende sua própria existência e seu próprio desejo" (SdE, §30). A necessidade, compreendida de acordo com a tradição filosófica como a antítese da liberdade, pode ser, para Debord, natural ou artificial. Sua queixa contra o capitalismo avançado está justamente em trair a liberação prometida pelo avanço material e tecnológico, recriando um novo reino da necessidade. A ordem econômica aparece não como aquilo que é — uma realidade histórica e mutável —, mas falseada em uma segunda natureza que impõe, portanto, um novo conjunto de necessidades que escamoteiam a superação das carências originárias. É disso que Debord trata na tese 51 de seu livro:

> As forças desencadeadas pela economia *suprimem* a necessidade econômica que estava na base imutável das sociedades autônomas. Quando ela a substitui pela necessidade do desenvolvimento econômico infinito, só lhe resta substituir a satisfação das necessidades humanas originais sumariamente reconhecidas por uma fabricação ininterrupta de pseudonecessidades que levam apenas à pseudonecessidade da manutenção de seu reino. (SdE, §51)

Haveria, portanto, uma necessidade econômica — entendida como necessidade primeira de transformação da natureza para a sobrevivência — que foi superada pelo capitalismo, forma de produção não mais limitada pelos ciclos naturais. O capitalismo, todavia, não é uma forma de produção orientada para a satisfação das necessidades concretas, sendo outrossim determinado pela necessidade de acúmulo incessante de capital, ciclo perpétuo de valorização do valor. É para atender a essa pseudonecessidade que se engendra uma miríade de novas pseudonecessidades sem a qual a produção superabundante não se justificaria. Em outras palavras, o capitalismo substitui a necessidade natural por uma necessidade artificial que oculta o caráter não necessário e histórico do modo de produção em jogo.

Isso não significa, porém, opor o artificial ao natural, como se apenas o natural fosse dotado de verdade. O artificial é aqui falso por não se apresentar enquanto tal, escamoteando-se em natureza. Em uma modernidade emancipada da natureza, a disputa se dá inteiramente no âmbito da cultura e da criação humana. A questão é aprofundada na tese 68:

> Sem dúvida, a pseudonecessidade imposta no consumo moderno não pode ser oposta a nenhuma necessidade ou desejo autêntico que não sejam produzidos pela sociedade e sua história. Mas a mercadoria abundante aí está como a ruptura absoluta de um desenvolvimento orgânico das necessidades sociais. Sua acumulação mecânica libera um artificial ilimitado, diante do qual o desejo vivente fica desarmado. A potência cumulativa de um artificial independente leva em toda parte à falsificação da vida social. (SdE, §68)

A diferença se daria, em suma, entre as criações que vão na contramão ou no sentido da liberdade. As falsas necessidades, criadas para fazer girar a roda da acumulação de capital, seriam inautênticas por servirem para reiterar a alienação do homem com relação a seus próprios produtos. Entrementes, criações voltadas a ampliar as satisfações humanas e enriquecer o vivido cotidiano seriam necessidades sociais ou desejos autênticos. Era nesse sentido que os situacionistas, quando ainda uma vanguarda artística, propunham-se à descoberta de "novos desejos",[108] acreditando que a arte teria a possibilidade de nos aproximar desse "desejo vivente"

---

[108] "Problèmes préliminaires à la construction d'une situation" [Problemas preliminares para a construção de uma situação], *Internationale Situationniste*, n. 1, jun. 1958, p. 11.

que é desarmado pela superabundância de mercadorias e suas pseudonecessidades.

Por isso, acredita Debord, deve-se buscar um projeto revolucionário que passe necessariamente pela "consciência do desejo e [pelo] desejo da consciência" (SdE, §53). O seu contrário é a sociedade do espetáculo: "sonho ruim de uma sociedade aprisionada que expressa apenas seu desejo de dormir" (SdE, §21). Essa última frase comporta um desvio de um trecho de Sigmund Freud, o qual explica, em *Cinq leçons sur la psychanalyse* [Cinco lições sobre a psicanálise], que nos sonhos se realizam os desejos que não podem ser satisfeitos na realidade (Freud, 1966, p. 39-41).[109] Atrelando o desejo ao querer e à consciência em oposição à necessidade como falta de liberdade e inconsciência, Debord está certamente distante de Freud. Em sua estruturação da psicanálise, Freud mantém sempre a compreensão de uma relação dialética entre consciente e inconsciente, esse último abrigando conteúdos que nunca poderão ser diretamente expressos pela consciência. Debord, porém, recebe a psicanálise pela mediação do surrealismo de André Breton, e a compreensão que esse teve da ciência freudiana então nascente foi, em grande medida, filtrada pela psicologia francesa da virada do século (Roudinesco, 1994, p. 20). A relação entre consciente e inconsciente foi parcialmente compreendida pelo viés da dupla personalidade, como se o inconsciente abrigasse outro eu — mais completo e livre do que aquele abrigado pela consciência, depositário das restrições morais impostas pela sociedade. As experimentações surrealistas voltadas para a suspensão da consciência eram justamente a tentativa de dar vazão a esse outro eu, portador de uma verdade reprimida.

---

[109] Freud trata dessa questão em diversos textos, e de modos mais aprofundados, mas refiro-me aqui às *Cinq leçons* porque os arquivos de Debord indicam a leitura da referida obra. Voltarei a essa questão mais adiante.

A descoberta freudiana da cisão na consciência constituiu um abalo único na história da filosofia ocidental moderna, colocando em xeque sua categoria central, o sujeito. Daí em diante, o par sujeito/consciência deixa de ser um binômio homogêneo a partir do qual se pode estruturar o campo do saber. Tanto o entendimento quanto a ação do sujeito são agora colocados sob suspeita. O sujeito sabe apenas parte de sua própria verdade, e seu agir pode ser motivado por impulsos que ele desconhece. Por um lado, o surrealismo abraça inteiramente a perspectiva freudiana, procurando uma imersão total no inconsciente. Por outro, porém, tende a hipostasiar o inconsciente, como se ele pudesse ou tomar o lugar que antes pertencia à consciência ou superá-la contendo-a, como que diluindo a cisão original entre as duas instâncias.

Debord, que buscou insistentemente distanciar-se do surrealismo — procurando minimizar a influência de um movimento que marcara sua formação —,[110] evitou toda valorização do inconsciente e fez-se defensor de uma consciência total. De toda forma, desaguou em resultado semelhante que é aquele de acreditar na possibilidade de uma superação do inconsciente. Em mais de uma ocasião, fez referência à seguinte citação de Freud, também presente em *A sociedade do espetáculo*: "Tudo aquilo que é consciente se desgasta. O que é inconsciente permanece inalterável. Mas, uma vez revelado, não entra igualmente em ruína?" (Freud apud SdE, §51).[111]

---

[110] Voltarei a essa questão no próximo volume, em que discutirei com mais detalhes a relação de Debord com o surrealismo.
[111] A frase também é citada em *Rapport sur la construction de situations*, de 1957 (Debord, 2006 [1957]).

CAPÍTULO 4

Guy Debord e o freudo-marxismo

A importância do surrealismo para o jovem Debord resultou em uma relação problemática com a psicanálise. Mantendo uma postura crítica diante do que percebia como uma supervalorização do inconsciente por parte dos surrealistas, e querendo se diferenciar de maneira clara da vanguarda que o precedera, ele insistiu sobre a consciência total e manteve-se inicialmente afastado da teoria freudiana. A retomada de uma relação com a psicanálise se daria após seu aprofundamento na teoria marxista, que o levou à leitura de autores que articulam Marx e Freud — compondo uma vertente intelectual que se convencionou chamar de freudo-marxismo. E se os ataques à revista *Arguments* por parte dos situacionistas resultariam inclusive na ruptura do grupo com o filósofo Henri Lefebvre, como vimos no capítulo anterior, resta todavia verdadeiro que a revista e sua correlata coleção de publicações na Éditions de Minuit, dirigida por Kostas Axelos (filósofo grego radicado na França, e um dos fundadores da *Arguments*), foram de grande relevância, permitindo, por meio de suas traduções, que Debord tomasse conhecimento de importantes debates. Foi nas páginas da revista que descobriu, por exemplo, os autores da Escola de Frankfurt,[112] e

---

[112] O único vestígio de leitura de um texto de Theodor W. Adorno por parte de Guy Debord se encontra justamente em suas fichas de leitura da revista *Arguments*. Debord leu e apreciou o texto "Musique et technique, aujourd'hui" [Música e técnica, hoje], destacando por exemplo a frase "o absurdo que perde

foi em sua coleção que pôde ler as duas obras que discutirei aqui: *Eros e civilização*, de Herbert Marcuse (1963), e *A falsa consciência*, de Joseph Gabel (1962).

EROS E CIVILIZAÇÃO NA SOCIEDADE DO ESPETÁCULO: DEBORD LEITOR DE MARCUSE

Ainda que fosse possível estabelecer relações objetivas entre o pensamento de Debord e o de Marcuse, eram poucos os indícios de uma relação direta entre eles até a abertura dos arquivos de Debord. Ele não cita Marcuse em suas obras, tampouco se serve de sua terminologia. As referências a Marcuse nos textos situacionistas foram raras e jamais vieram do próprio Debord.[113] Entretanto, em uma carta de 1964 (Debord, 2001, p. 75), a pedido de um leitor da *Internationale Situationniste*, o autor prepara "ao acaso" um "programa de

---

seus direitos logo que deixa de ser provocação para erigir-se em positividade", e que acredita ser "muito boa, sobre toda a arte moderna" (Fonds Guy Debord, NAF 28603, boîte 42: "Philosophie, sociologie"). O texto de Adorno foi traduzido e publicado em um dossiê da revista dedicado à "questão da arte"; ver "L'Art en question" [A arte em questão], *Revue Arguments*, n. 19, 3. tri. 1960. A importância dos frankfurtianos é notada também através da seção alemã da IS, e é muito provável que o grupo tenha enviado a Adorno um exemplar da *Internationale Situationniste*. Minha hipótese tem como base a carta não publicada de setembro de 1961, na qual Vaneigem transmite a Debord o endereço de Theodor W. Adorno — Debord havia solicitado também o de Herbert Marcuse (Biblioteca Beinecke de Livros Raros e Manuscritos, Universidade Yale, Raoul Vaneigem Papers, GEN MSS 1455, series V, box 37).
[113] No texto "Les mots captifs" [As palavras aprisionadas], de 1966, Mustapha Khayati menciona outra obra de Herbert Marcuse, *Le marxisme soviétique* [O marxismo soviético], publicada igualmente na França em 1963; ver Mustapha Khayati, "Les mots captifs (préface à un dictionnaire situationniste)", *Internationale Situationniste*, n. 10, p. 50-5, mar. 1966.

estudo" e inclui, entre outras obras, *Eros e civilização*,[114] que ele teria lido pouco depois de sua publicação. Suas fichas de leitura mostram que ele não tinha apenas lido, mas apreciado o livro, e que algumas ideias de Marcuse contribuíram para a redação de *A sociedade do espetáculo*. Os registros dividem-se em dois conjuntos: o primeiro é resultado da leitura do livro; o segundo, com a marcação "pour SduS" (isto é, "para Sociedade do Espetáculo"), é uma triagem sucessiva, na qual Debord seleciona o que ele gostaria de utilizar no processo de escrita de sua própria obra.[115]

Tendo por ponto de partida a leitura que o pensador francês realizou da obra do filósofo alemão, e servindo-me do apoio dessa documentação inédita, procuro compreender melhor as afinidades existentes entre a teoria crítica de Debord e aquela formulada por Marcuse.[116] Esse estudo poderá nos ajudar também a discernir entre aspectos de suas teorias atrelados ao momento histórico em que foram elaboradas e proposições críticas que podem ter validade no presente.

---

[114] Debord recomenda também a leitura de *A função do orgasmo*, de Wilhelm Reich, outra obra presente em suas fichas de leitura. Seu interesse por Reich pode ter sido motivado pela amizade com André Frankin, membro da IS, que já em 1960 publicara um texto sobre o psicanalista heterodoxo na mencionada revista *Arguments*; ver André Frankin, "William Reich et l'économie sexuelle" [William Reich e a economia sexual], *Arguments*, n. 18, 2. tri. 1960, p. 29-35.

[115] Essa separação em dois conjuntos, que indica uma releitura para a redação de *A sociedade do espetáculo*, não é exclusiva da leitura que Debord faz de Marcuse, mas um procedimento comum que aplica a diversas obras. Toda a documentação da leitura feita da obra de Marcuse encontra-se em Fonds Guy Debord, NAF 28603, boîte 42: "Philosophie, sociologie".

[116] Dado o caráter mais filológico desse estudo, no qual se levam em consideração as leituras desenvolvidas pelo próprio Guy Debord, terei de remeter aos textos em edição francesa. Para o caso das obras de Marcuse, são indicadas as edições brasileiras em "Referências".

Na leitura que Debord faz de *Eros e civilização*, vemos se instaurar desde o início uma relação de reconhecimento, que pode ser sintetizada na seguinte contradição apontada por Marcuse, e que Debord considera uma "*thèse I.S. de base*", ou seja, uma tese basilar da IS: "Os recursos disponíveis tornam possível uma mudança qualitativa das necessidades humanas" e "a civilização deve defender-se do espectro de um mundo que poderia ser livre". A contradição, resumida por Debord com duas frases de Marcuse, sintetiza o essencial do projeto emancipatório enunciado pelo pensamento crítico dos dois autores na época. Debord e Marcuse compartilhavam a crença nas possibilidades positivas resultantes do progresso industrial. O processo de automação do trabalho permitiria ao homem libertar-se da maldição de Adão: deixando todo o trabalho às máquinas, ele estaria finalmente livre para gozar do tempo de sua vida sem se preocupar com os problemas da sobrevivência. O aumento crescente do tempo livre parecia confirmar a tendência da sociedade industrial à libertação do trabalho. Como afirma Marcuse (1963, p. 10) no começo de sua obra, "a automação pode tornar possível a inversão da relação entre tempo livre e tempo de trabalho, sobre a qual repousa a civilização atual: ela pode oferecer a possibilidade de ver o tempo do trabalho tornar-se marginal e o tempo livre, essencial".

Debord identifica o primeiro sinal dessa inversão no "aumento contínuo e rápido dos lazeres", conforme escreve no documento fundador da IS, o "Rapport sur la construction des situations" (Debord, 2006 [1957], p. 309-28) Se, proclamando o "consumo livre de seu tempo",[117] os situacionistas reivindi-

---

[117] A esse respeito, ver o curta-metragem de Guy Debord, *Sur le passage de quelques personnes à travers une assez courte unité de temps.*

cavam uma posição de vanguarda, era justamente por serem os primeiros a se dedicarem integralmente ao uso não utilitário do tempo — o que se tornaria, no futuro, uma condição de todos. Como aponta Marcuse (1963, p. 10), "o resultado [da inversão da relação entre tempo de trabalho e tempo livre] seria uma transformação radical do conteúdo dos valores e um modo de vida incompatível com a civilização tradicional". Com suas pesquisas psicogeográficas, ou ainda com o projeto da construção de situações, os situacionistas estavam à procura de um modo de vida mais adequado à civilização futura, ou seja, a que teria superado o trabalho.

Para Marcuse, essa inversão tem implicações bastante profundas: ela colocaria em questão a própria estrutura instintiva do homem, ao menos tal qual Freud a tinha concebido. De acordo com o frankfurtiano, deve-se perguntar se a tese de Freud, segundo a qual a civilização é fundada sobre a submissão dos instintos, corresponde efetivamente ao *princípio* da civilização ou apenas a uma organização *histórica* de existência fundada sobre a necessidade do trabalho. Marcuse não ignora o fato de que "a teoria freudiana tem sua pedra angular na noção segundo a qual uma civilização não repressiva é impossível" (Marcuse, 1963, p. 28). Mas crê, ao mesmo tempo, que a teoria de Freud "contém elementos que negam essa racionalização" (Marcuse, 1963, p. 28). Para comprovar sua tese, ele recorre sobretudo aos últimos escritos de Freud, textos como *Mal-estar na civilização* e *Moisés e o monoteísmo*, nos quais amplia o horizonte da psicanálise, abdicando dos problemas puramente terapêuticos em prol de uma reflexão geral sobre o homem e sua história. Isso permite a Marcuse tratar as categorias freudianas como categorias historicamente determinadas, com o intuito de sustentar a possibilidade de uma civilização não repressiva.

A principal tese freudiana que Marcuse quer colocar em questão é a da incompatibilidade entre o princípio de prazer e o princípio de realidade. Se o organismo é inicialmente orientado por um princípio de prazer primário, que tende à satisfação, o contato com o mundo exterior ensina que é impossível se satisfazer sem renúncias e acomodações. O princípio de prazer deve então dar lugar ao princípio de realidade. Mas o que nota Marcuse é que a argumentação de Freud em favor do princípio de realidade tem por pressuposto a afirmação da penúria (*Lebensnot*); ou seja, o fato de que "a luta pela existência situa-se em um mundo pobre demais para que as necessidades humanas sejam satisfeitas sem restrições, sem renúncias e postergações perpétuas" (Marcuse, 1963, p. 42-3). Desse modo, "para ser possível, toda satisfação exige trabalho" (Marcuse, 1963, p. 42-3). Marcuse sustenta, contudo, que tal argumento é "falacioso na medida em que se aplica ao fato bruto 'penúria' o que é na realidade consequência de uma organização específica dessa penúria e de uma atitude existencial específica que se tornou obrigatória para essa organização" (Marcuse, 1963, p. 42-3). A perpetuação da penúria seria, na realidade, resultado da distribuição desigual dos produtos do trabalho que advém da dominação "exercida por um grupo ou um indivíduo em particular com intuito de se manter ou ascender a uma situação privilegiada" (Marcuse, 1963, p. 42-3). Longe de ser um fato natural, a penúria seria o resultado de uma organização histórica da vida social que Marcuse não identifica com o capitalismo, mas com a "civilização ocidental", aquela que foi sempre conduzida por uma "racionalidade de dominação". A possibilidade de superar a penúria teria sido demonstrada pelo desenvolvimento técnico da sociedade industrial, que permitiu aos homens obterem, com pouco esforço, os bens necessários à sua sobrevivência. A racionalidade repressiva, até aqui útil ao progresso do conjunto social, teria se tornado, desse modo, anacrônica. Marcuse afirma que as condições materiais estariam reunidas para uma organização não repressiva da sociedade, capaz de reconciliar o princípio de realidade com o princípio de prazer. Este é o sentido da frase anotada por Debord e que provém do seguinte parágrafo:

> Os recursos naturais disponíveis tornam possível uma mudança qualitativa das necessidades humanas. A racionalização e a mecanização do trabalho tendem a diminuir a quantidade de energia instintiva canalizada em direção ao trabalho (trabalho alienado), liberando, desse modo, energia para a realização de objetivos fixados pelo jogo livre das faculdades individuais. (Marcuse, 1963, p. 88)

Como nota Debord, o que ele encontra em Marcuse é uma "ideia de base IS, em termos psicanal[íticos]". A procura por "jogos superiores", que ocupava os situacionistas, revela-se justificada pela liberação da energia instintiva que, graças à mecanização, não é mais canalizada ao labor. Os situacionistas não eram, porém, os únicos a quererem dar um novo sentido às energias liberadas. Debord rapidamente percebeu a existência de um grande aparato que afastava essa energia para o domínio separado da representação, neutralizando as possibilidades emancipatórias que poderiam advir da liberação do tempo. Foi a isso que chamou de espetáculo, e foi na tentativa de precisar esse conceito que passou pela leitura de Marcuse, na qual encontrou não somente a constatação de que o aumento do tempo livre gerava uma nova possibilidade, mas também a ideia de que, como vimos, "a civilização deve se defender contra o espectro de um mundo que poderia ser livre" (Marcuse, 1963, p. 89).[118]

É sobretudo essa dimensão, que corresponde ao controle imposto sobre o tempo livre, que parece ter interessado Debord. É o caso da seguinte passagem em que Marcuse fala dos "mecanismos de defesa pelos quais a sociedade encara a ameaça [de liberdade]":

> Essa defesa consiste principalmente em um reforço do controle, não tanto dos instintos, mas da consciência que, se fosse deixada

---

[118] Passagem copiada por Debord em suas notas.

livre, poderia reconhecer o trabalho de repressão mesmo nas maiores e melhores satisfações de necessidades. A manipulação da consciência produzida na era da civilização industrial contemporânea foi descrita em diversas interpretações das "culturas populares" e totalitárias: ela consiste na coordenação da existência privada e pública, das reações espontâneas e condicionadas. A promoção das atividades de lazer embrutecedoras, a organização monopolista da informação, a aniquilação de toda verdadeira oposição ao sistema estabelecido, o triunfo das ideologias anti-intelectuais são exemplos dessa tendência. (Marcuse, 1963, p. 89)

Essa passagem deve ter agradado Debord, que anotou: "Marcuse descreve a sociedade do espetáculo".[119] Graças à aproximação com Marcuse, poderíamos compreender o espetáculo de que fala Debord como um mecanismo de defesa da sociedade, que serve para neutralizar (ou "recuperar", para empregar a palavra dos situacionistas) as forças disruptivas liberadas pelas transformações sócio-históricas. Talvez o caso mais exemplar seja o da sexualidade. A constituição de novas formas de relações afetivas estava no centro das reivindicações dos *soixante-huitards* [manifestantes do Maio de 1968]. A própria teoria de Marcuse parecia fornecer argumentos convincentes nesse sentido, apoiando a possibilidade da liberação de Eros em uma sociedade não repressiva. Mas o mesmo autor já antecipava os riscos de uma aparente liberação da sexualidade no interior de uma sociedade repressiva. Na sequência do parágrafo supracitado, lê-se:

Esta extensão do controle das regiões da consciência e dos lazeres outrora livres autoriza um relaxamento dos tabus sexuais (antes mais importantes porque os controles sobre o conjunto da per-

---

[119] Nessa passagem encontramos, aliás, os ecos das análises de Adorno sobre a indústria cultural, com referência a esse autor no rodapé do texto de Marcuse.

sonalidade eram menos eficazes). Se compararmos o período atual aos períodos puritanos e vitorianos, a liberdade sexual sem dúvida aumentou [...]. Contudo, as relações sexuais foram, ao mesmo tempo, muito mais assimiladas às relações sociais. A liberdade sexual foi combinada a um conformismo rentável. (Marcuse, 1963, p. 89)

A formulação que Debord dá à ideia do espetáculo, como uma esfera representativa separada e que domina a experiência direta, ajuda muito a compreender o fenômeno descrito por Marcuse. Debord apresenta sempre o espetáculo como aquilo que recupera na representação o que se perde na realidade — ele reproduz, por exemplo, uma "pseudocomunidade" em que todas as relações foram dissolvidas. Mas não seria possível dizer também que ele antecipa algumas aspirações ainda não efetuadas, como outra maneira de impedir sua realização? Aprofundando o paralelo com a psicanálise, pode-se dizer que o espetáculo funciona como o sonho; Debord, aliás, caracteriza-o como um "sonho ruim". Como visto, para Freud (1966, p. 39-41), o sonho possui a função psíquica de satisfazer desejos não consumados na realidade. De modo análogo, o espetáculo satisfaz, em um plano puramente representativo, as promessas de satisfação que não podem ser cumpridas no mundo real. Por essa razão, Debord caracteriza o espetáculo como o "guardião" do "sonho ruim da sociedade aprisionada" (SdE, §21). Essa passagem é, na verdade, um *détournement* (desvio) de Freud, que escreve, em *Über den Traum* [Sobre o sonho]: "Inversamente ao que é admitido pela opinião comum, que quer ver no sonho o perturbador do sono, chegamos a essa singular conclusão de que o sonho é, na verdade, o guardião do sono".[120]

---

[120] Citação encontrada nos arquivos de Guy Debord, conservados na Biblioteca Nacional da França, em meio às fichas que recolhem suas leituras de Freud: "À l'inverse de ce qui est admis par l'opinion courante qui veut voir

Ocupando o tempo livre com "atividades de lazer embrutecedoras", a indústria cultural impede que o indivíduo "por si mesmo" seja "consciente da possibilidade de se liberar da realidade repressiva", afirma Marcuse (1963, p. 51). Mas a teoria de Debord parece dar uma pista mais interessante. Podemos compreender o funcionamento do espetáculo como um mecanismo de compensação que atende de forma imaginária às aspirações insatisfeitas na realidade e cuja efetivação seria, provavelmente, disruptiva à ordem social estabelecida. Isso nos permite compreender melhor a assimilação não problemática da liberação sexual, tão rapidamente "harmonizada a um conformismo rentável", como diz Marcuse na passagem recém-citada. O exemplo mais convincente poderia ser, talvez, o uso que faz o espetáculo da nudez feminina, cujas imagens são frequentemente empregadas por Debord em seus filmes. As fotografias de "mulheres-mercadoria", como o autor as designa em suas notas, desfilam diante de nossos olhos na versão cinematográfica de *A sociedade do espetáculo* para representar o "tornar-se mundo da mercadoria, que é também o tornar-se mercadoria do mundo" (SdE, §66).

Não por acaso, Debord — que jamais deixa de pensar em sua prática cinematográfica — anota a possibilidade de utilizar, em um futuro filme, uma citação de Marcuse "sobre uma sequência de garotas". A captura do corpo pelo espetáculo seria então uma boa imagem daquilo que Marcuse (1963, p. 12) designa como "dessublimação repressiva", "quer dizer, uma liberação da sexualidade em modos e formas que diminuem e enfraquecem a energia erótica". Na verdade, a liberação de Eros imaginada por Marcuse não recusa a sublimação, nem se identifica

---

dans le rêve le perturbateur du sommeil, nous arrivons à cette singulière conclusion que le rêve sert au sommeil de gardien". Debord se serve da edição francesa de *Über den Traum* (1901), traduzida por Hélène Legros e publicada em 1925 como *Le rêve et son interprétation* [O sonho e sua interpretação]; ver Freud (1925, p. 100).

com o reforço da sexualidade.[121] Ela não se resume a um paradigma transgressor que seria satisfeito pela simples supressão de certos tabus. Pelo contrário, o filósofo acredita na possibilidade de uma "sublimação não repressiva", na qual "as pulsões sexuais, sem nada perder de sua energia erótica, superem seu objeto imediato e erotizem as relações não eróticas e antieróticas entre os indivíduos, e entre eles e seu meio" (Marcuse, 1963, p. 12). Ainda que Debord não utilize, em nenhum momento, a terminologia própria de Marcuse, creio ser possível propor uma aproximação entre as noções de espetáculo e de dessublimação repressiva. Afinal, o espetáculo permite uma extensão do erótico no âmbito da representação (produtos culturais, expressões linguísticas, vestuário etc.), ao mesmo tempo que consolida o isolamento efetivo entre as pessoas — reunindo o separado "enquanto separado" (SdE, §29).

Cabe ressaltar, enfim, que a liberação preconizada tanto por Debord como por Marcuse remete a uma transformação tão profunda que aponta para um futuro ainda desconhecido. Como vimos na passagem copiada por Debord, Marcuse fala de uma "mudança qualitativa nas necessidades humanas". Não se trata, portanto, de uma satisfação sem limites das necessidades ditas "naturais". As necessidades são reconhecidas como historicamente determinadas e, desse modo, modificáveis com as transformações sociais. De modo análogo, Debord também possui uma concepção histórica da necessidade e do desejo, conforme já discutido no capítulo anterior. A "situação construída", imaginada por ele e seu grupo como uma "unida-

---

[121] Nesse sentido, Marcuse retoma a distinção feita por Freud em seus últimos escritos, em que Eros corresponde a uma pulsão geral de todo o organismo, enquanto a sexualidade seria apenas uma pulsão parcial e especializada. Veja-se, a esse propósito, o desenvolvimento dado por Marcuse (1968, p. 82-107) ao conceito de dessublimação repressiva em seu livro *O homem unidimensional: estudos da ideologia da sociedade industrial avançada*.

de de comportamento no tempo", seria, nesse sentido, uma espécie de laboratório para aparição confusa de "novos desejos".[122]

A ABOLIÇÃO DO TRABALHO

A crença de Marcuse e de Debord no potencial emancipador do desenvolvimento técnico parece-nos hoje de difícil aceitação, sobretudo depois que a crise ambiental ocasionada pelo mesmo desenvolvimento técnico se tornou assustadoramente evidente. Todavia, é preciso observar que os dois autores não ignoravam completamente as contradições inerentes à evolução tecnológica. Em *A sociedade do espetáculo*, Debord apreende a tecnologia como parte da totalidade social, indicando que toda a técnica do capitalismo espetacular é uma técnica do isolamento: "O isolamento fundamenta a técnica e, em retorno, o processo técnico isola" (SdE, §28).[123] Em *O homem unidimensional*, Marcuse (1968, p. 23) constata que "não é mais possível falar de 'neutralidade' da tecnologia. Não é mais possível isolar a tecnologia do uso para o qual ela está destinada". Entretanto, isso não os impede de ver uma potencialidade positiva no progresso da indústria moderna, algo que já havia sido notado pelo próprio Marx. Só que o autor de *O capital* estava consciente das contradições decorrentes do desenvolvimento tecnológico no interior de um sistema econômico cuja forma específica de riqueza — o valor — estava fundamentada sobre a apropriação do trabalho vivo. Os ma-

---

[122] Conforme propõem os situacionistas em "Problèmes préliminaires à la construction d'une situation", *op. cit*. Voltarei a esse problema no próximo volume, no capítulo dedicado ao tema da situação construída, desenvolvido também em "Constructed situations" (Hemmens & Zacarias, 2020, p. 168-82).
[123] É verdade, porém, que a crítica da tecnologia permanece incompleta. Como nota Patrick Marcolini (2012, p. 191-202), é apenas após a dissolução da IS que Debord se deslocou em direção a uma crítica direta da modernidade industrial.

nuscritos de 1857-1858, mais conhecidos como *Grundrisse*, já intuíam que, em vez de libertar o trabalhador das tarefas que se tornaram desnecessárias à produção de valor, o capital tendia a incorporá-las sob o modo de trabalho supérfluo:

> O próprio capital é a contradição em processo, [pelo fato] de que procura reduzir o tempo de trabalho a um mínimo, ao mesmo tempo que, por outro lado, põe o tempo de trabalho como única medida e fonte de riqueza. Por essa razão, ele diminui o tempo de trabalho na forma do trabalho necessário, para aumentá-lo na forma do [trabalho] supérfluo; por isso, põe em medida crescente o trabalho supérfluo como condição — questão de vida ou morte — do [trabalho] necessário. (Marx, 2011, p. 942-3)

Debord provavelmente não leu os *Grundrisse* antes de escrever *A sociedade do espetáculo*.[124] No entanto, ele estava atento a essa contradição, para a qual divisava uma solução provisória no crescimento do setor terciário (SdE, §45). Marcuse, por sua vez, conhecia o manuscrito de Marx. Em *O homem unidimensional*, ele cita uma passagem da mesma parte do texto, porém ainda para reforçar o argumento de que a automação significaria uma mudança completa da produção capitalista, o que tornaria possível a liberação do tempo do trabalhador (Marcuse, 1968, p. 61-2).[125] A insistência sobre as potencialidades eman-

---

[124] *Grundrisse* só foi publicado pela primeira vez na França entre 1967 e 1968, editado em dois volumes pela editora Anthropos, com o título de *Fondements de la critique de l'économie politique* [Fundamentos da crítica da economia política].

[125] Recordemos que os *Grundrisse* foram publicados em alemão em Moscou, entre 1939 e 1941, e novamente em Berlim, em 1953. Marcuse se refere à edição berlinense. Jorge Semprun dá mais informações sobre o assunto em seu prefácio para a edição francesa, também veiculado pela revista *L'homme et la société*; ver Jorge Semprun, "Économie politique et philosophie dans les 'Grundrisse' du Marx" [Economia política e filosofia em *Grundrisse* de Marx], *L'homme et la société*, n. 7, p. 57-68, 1968.

cipadoras do desenvolvimento técnico é, certamente, uma marca de época e parece-nos hoje estranha. Todavia, é preciso relativizar a crítica de ingenuidade, lembrando que a libertação do trabalho não foi apresentada por esses autores como um resultado espontâneo do processo de desenvolvimento industrial, mas ficava ainda dependente da oposição consciente ao sistema estabelecido. Essa oposição devia, sobretudo, estar atenta às transformações históricas que alteravam o estatuto do trabalho.[126]

Além disso, é preciso destacar que, ao defender um mundo livre do trabalho, Marcuse e Debord eram já uma exceção no âmbito da tradição marxista. Em vez de sustentar o triunfo do trabalho sobre o capital, os dois defendiam a "abolição do trabalho" — o que Marcuse (1968, p. 41) identificava como o grande tema de Marx, e que Debord postulava como objetivo desde sua juventude.[127] Inversamente, como demonstrou Moishe Postone (2014, p. 15), o marxismo tradicional tinha formulado uma crítica do capitalismo "*feita do ponto de vista do trabalho e não uma crítica do trabalho no capitalismo*". A tradição marxista havia compreendido o capitalismo como um problema de distribuição de riquezas, defendendo os trabalhadores como os verdadeiros responsáveis pela sua produção, mas cujo produto era apropriado pelas elites. O trabalho en-

---

[126] Questão ainda mais importante na atualidade, quando o trabalhador se tornou tão supérfluo a ponto de ser "jogado no aterro sanitário social", como lembraram os teóricos alemães do Grupo Krisis. Para eles, em vez de aferrar-se à defesa do trabalho, mais valia reconhecer que "a sociedade dominada pelo trabalho não passa por uma simples crise passageira, mas alcançou seu limite absoluto. A produção de riqueza desvincula-se cada vez mais, na sequência da revolução microeletrônica, do uso de força de trabalho humano — numa escala que há poucas décadas só era imaginada como ficção científica" (Grupo Krisis, 2003 [1999], p. 15).

[127] Debord refere-se constantemente a uma inscrição que fez quando jovem em um muro da Rue de Seine, em 1953, no qual escreveu "*Ne travaillez jamais*" [Não trabalhe jamais].

quanto tal foi erigido em positividade alheia a qualquer questionamento, quando, na verdade, é precisamente nele que reside a especificidade da produção capitalista. É apenas no capitalismo que encontramos uma forma de trabalho não orientada para a realização de uma tarefa concreta, mas sim determinada por um *quantum* de tempo abstrato. É, portanto, o trabalho abstrato que produz o valor; um não existe sem o outro. A crítica ao capitalismo — quer dizer, à dominação de toda a vida social pela produção do valor — não pode se furtar à crítica do trabalho; caso contrário, permanece incompleta ou mesmo incoerente.

Evidentemente, isso não quer dizer que o problema da distribuição de riqueza seja falso; apenas que o capitalismo não pode ser superado por uma simples redistribuição mais igualitária dos produtos do trabalho. Debord parece ter compreendido bem essa questão, como revela sua já mencionada crítica do "socialismo realmente existente", entendendo que a União Soviética estava longe de representar uma forma de organização social antagônica ao capitalismo das potências ocidentais. A divisão da Guerra Fria era apenas uma "divisão na aparência" que ocultava uma unidade de fundo, a saber, o desenvolvimento do modo de produção capitalista a Leste e a Oeste, com variantes apenas formais. A URSS apresentava uma forma de dominação levemente distinta daquela do Ocidente, que Debord batizou de "espetacular concentrado", com um capitalismo de Estado em que a riqueza produzida pela massa de trabalhadores era apropriada pelo aparelho burocrático: "A propriedade privada capitalista em crise é substituída por um subproduto simplificado, menos diversificado, *concentrado* em propriedade coletiva da classe burocrática" (SdE, §104). Mesmo que heterodoxa, essa caracterização não era inteiramente inédita, pois, como já pontuado no capítulo anterior, era semelhante — e talvez mesmo em parte caudatária — daquela apresentada anos antes por Cornelius Castoriadis e o grupo Socialismo ou Barbárie. Não obstante, como também já atencipei, a crítica de Debord vai mais longe, tocando em um ponto nevrálgico da própria reprodução capitalista. Na impessoalidade da forma de dominação burocrática, Debord encontra a "prova da economia independente", um "poder autônomo que, enquanto subsistir essa autonomia, pode até prescindir da burguesia" (SdE, §104).

Apresentando o capitalismo como um poder autônomo que pode até mesmo prescindir de sua classe dominante — a burguesia —, Debord aproxima-se de Marx quando este último caracteriza o capitalismo como um "sujeito automático", ou seja, como automovimento de valorização do capital.[128] No caso de Marcuse, o argumento da distribuição das riquezas parece manter um peso maior. Como já mencionado, o filósofo afirma que a permanência da penúria se explica pela distribuição desigual dos produtos do trabalho, resultante da dominação social exercida por um grupo ou por um indivíduo. Contudo, a crítica do autor está muito longe de se limitar à denúncia tradicional da distribuição desigual dos frutos do trabalho. Apropriando-se concomitantemente das teorias de Marx e de Freud, Marcuse tenta demonstrar até que ponto se manifestam as contradições do capitalismo, atingindo inclusive as profundezas da psique humana.

Embora ambos possam ser definidos como críticos *do* trabalho, no sentido acima indicado por Postone, deve-se admitir, porém, que nenhum dos dois autores desenvolve uma crítica completa do trabalho abstrato como forma de media-

---

[128] Essa noção provém de *O capital*, mas tem sido sublinhada na leitura de Marx promovida por Robert Kurz, notadamente na noção de "dominação sem sujeito", que propõe uma compreensão da sociedade capitalista como constituição fetichista, reivindicando uma teoria crítica que procura ir "além da luta de classes" (Kurz, 2010). Debord está certamente vinculado ainda à perspectiva da luta de classes, mas, ao compreender o movimento autônomo da economia e apontar para uma forma de dominação impessoal, abre uma via de diálogo possível entre sua teoria e a de Kurz — assunto ao qual retornarei adiante.

ção das relações sociais. Mais do que ao *trabalho abstrato*, suas críticas dirigem-se ao *trabalho alienado*, noção que comporta ainda a ênfase na apropriação indevida do produto do trabalho. Mas o trabalho abstrato não é simplesmente aquele cujo produto é subtraído de seus produtores; ele é condicionado inteiramente, em forma e conteúdo, pela produção de valor. Carece em Marcuse a concepção de uma atividade não subsumida à oposição simplificada entre o trabalho e a liberdade. Em Debord, há diferenciação de um trabalho produtor de mercadorias (que o autor denomina trabalho-mercadoria). De todo modo, não há uma reflexão aprofundada sobre o trabalho como categoria objetiva da sociedade do valor, e não como mera forma genérica do "metabolismo com a natureza". Assim, em vez de apresentar o trabalho abstrato como a forma histórica determinada da atividade humana sob o capitalismo, os dois autores tendem a compreender o trabalho como um fardo ligado à luta pela sobrevivência que pesa, desde sempre, sobre a civilização, e do qual tentamos nos livrar por meio do progresso técnico. O trabalho tende, assim, a aparecer como um conceito trans-histórico, deixando na sombra as diferentes formas e funções que o fazer dos homens adquiriu nas sociedades passadas — sociedades que, diferentemente da nossa, não foram sociedades do trabalho.

SOBRE O TEMPO

Se, como vimos, não há em Debord e Marcuse uma crítica direta da categoria trabalho abstrato, o que poderíamos dizer a propósito da noção de tempo abstrato que, conforme aponta Marx, é subjacente ao trabalho produtor de mercadorias como medida da produção de valor? A oposição entre tempo de trabalho e tempo livre, fundamental em toda a reflexão de Marcuse, implica a aceitação indiscutível de uma forma de organização do tempo que é, na verdade, historicamente determinada.[129] Nesse sentido, a teoria de Debord é mais interessante, pois oferece uma distinção entre o tempo linear e irreversível da produção capitalista, efetivamente emancipado dos ciclos naturais que determinam a produção antes da industrialização, e o tempo social, que ele nomeia pseudocíclico, pois reproduz as alternâncias cíclicas não necessárias (dia e noite, período de trabalho e período de férias). Além disso, Debord se aproxima também de uma crítica do tempo abstrato graças à valorização da dimensão qualitativa do tempo que seria, para ele, intrinsecamente oposta à divisão homogênea e vazia do tempo abstrato, ou aquilo que nomeia tempo-mercadoria, isto é, "uma acumulação infinita de intervalos equivalentes" (SdE, §147). Designando o tempo homogêneo como tempo-mercadoria, Debord diferencia uma concepção ontológica do tempo de uma forma historicamente determinada, e opõe uma noção qualitativa do tempo — da transformação constante da vida e da alienação necessária do sujeito — à sua forma esvaziada e quantitativa, o tempo abstrato do capitalismo.

Marcuse propõe ainda outra reflexão que chamou a atenção de Debord, na qual o tempo aparece como o limite invariável das reivindicações do prazer. Enquanto o Isso, que é o lugar original do princípio de prazer, não conhece o tempo (Marcuse, 1963, p. 51),[130] o Eu, o único a poder realizar as aspirações do princípio de prazer, é totalmente submisso ao

---

[129] Para uma análise do caráter historicamente determinado dessa distinção entre tempo de trabalho e tempo livre, ver o texto do historiador inglês E. P. Thompson (1998, p. 267-303), "Tempo, disciplina de trabalho e capitalismo industrial". Há uma boa síntese sobre esse tema em *Tempo, trabalho e dominação social*, notadamente no capítulo 5, "Tempo abstrato" (Postone, 2014, p. 217-60). Vale recordar também, no âmbito da Escola de Frankfurt, a reflexão feita por Adorno no texto intitulado justamente "Tempo livre", um dos últimos do autor, datado de 1969 (Adorno, 2006, p. 103-17).
[130] De fato, Sigmund Freud escreve, em "Além do princípio de prazer", que "os processos psíquicos, em si, são 'atemporais'", o que permite colocar em

tempo (Marcuse, 1963, p. 200). As reivindicações do prazer eterno devem, então, ser colocadas de lado, diante da inexorabilidade da morte. No segundo conjunto de notas de Debord, que serviram diretamente à redação de *A sociedade do espetáculo*, o autor afirma a importância do "tempo e [da] morte como limite", questão parcialmente retomada na tese 160, ao tratar da "ausência social da morte" em uma sociedade em que "é expressamente proibido envelhecer" (SdE, §160).

Debord parece, todavia, mais interessado nas consequências que incidem sobre as possibilidades de transformação social, como se vê no seguinte trecho, tomado do texto de Marcuse: "A passagem do tempo é o mais natural aliado da sociedade no esforço para manter a lei e a ordem, o conformismo e as instituições que relegam a liberdade ao âmbito das perpétuas utopias" (Marcuse, 1963, p. 200). Isso porque a passagem do tempo conduz ao esquecimento, faculdade mental necessária, mas, ao mesmo tempo, "a faculdade mental que ajuda a submissão e a renúncia" (Marcuse, 1963, p. 200).[131] A reflexão sobre o tempo dá lugar, então, a uma reflexão sobre a importância social da memória, que seria incorporada por Debord em sua obra, sobretudo na tese 158, em que ele caracteriza o espetáculo como "falsa consciência do tempo", sendo "[a] organização social atual da paralisia da história e da memória" (SdE, §158).

A leitura de Marcuse exerce, portanto, um papel não negligenciável na reflexão sobre o tempo espetacular exposta em *A sociedade do espetáculo*. Na verdade, voltando aos manuscritos da obra de 1967, podemos observar que, para a tese supracitada, Debord tinha inicialmente previsto um uso mais amplo dos termos psicanalíticos. Em uma das raras passagens rasuradas

---

questão "a proposição kantiana, segundo a qual o tempo e o espaço são as formas necessárias de nosso pensamento" (Freud, 1982, p. 70).
[131] Trata-se mais uma vez de uma passagem anotada por Debord.

ainda legíveis no manuscrito conservado em seus arquivos, lê-se: "A repetição do tempo espetacular é a parte neurótica da história, que se tornou dominante e organizada como um instrumento de dominação. A coexistência de dois tempos sociais que não se reconhecem mais, a acumulação irreversível abstrata da produção e a sobrevivência pseudocíclica dos produtores, culmina em uma história psicótica".[132]

Observamos aqui que, no intuito de descrever a relação contraditória entre reprodução da vida material e representação social do tempo, Debord prevê o uso metafórico de termos remetendo a patologias mentais. Esses termos não foram empregados na versão final da obra, mas a passagem serve para indicar a relação que Debord estabelece com a psicanálise de maneira geral — postura, aliás, que o distingue irremediavelmente de Marcuse. Mesmo que recorra à psicanálise na preparação de seu livro, Debord escolhe não se servir diretamente de seus conceitos. Em sua obra, que privilegia como ossatura teórica a crítica materialista da alienação, as expressões psicanalíticas são frequentemente recuperadas e utilizadas metaforicamente. O melhor exemplo é, sem dúvida, a famosa frase de Freud: "Wo Es war, soll Ich werden", que poderia ser traduzida por "onde havia o Isso, deve surgir o Eu", e que Debord desvia deste modo: "Onde estava o *isso* econômico, deve surgir o *eu*" (SdE, §52). Sua versão mostra que, para ele, se há uma força inconsciente que determina as ações dos indivíduos, ela é sobretudo a força da economia em seu automovimento ininterrupto.

Apesar desse limite, fica evidente o interesse de Debord pelo cruzamento entre a teoria freudiana e a crítica social. A passagem pelo freudo-marxismo revela-se particularmente importante na formação de seu pensamento e desvela um diálogo cujas potencialidades críticas ainda devem ser ava-

---

[132] Na Biblioteca Nacional da França estão conservados três cadernos manuscritos que contêm o texto de *A sociedade do espetáculo* (Fonds Guy Debord, NAF 28603, boîte 13).

liadas. Investigar de maneira mais aprofundada as possíveis relações entre os conceitos de Debord e aqueles da psicanálise e do freudo-marxismo seria, sem dúvida, um caminho profícuo para levar adiante a teoria do espetáculo. Ofereci aqui um breve exemplo de como isso pode ser feito, aproximando o espetáculo de Debord da conceitualização freudiana do sonho e da noção de dessublimação repressiva de Marcuse. Inversamente, essa aproximação permite também sublinhar uma força ainda presente no pensamento do filósofo alemão. Se alguns dos pressupostos de Marcuse parecem hoje datados, sua reflexão sobre a inter-relação entre as dinâmicas socioeconômicas do capitalismo e as dinâmicas libidinais do indivíduo conserva um lugar privilegiado na crítica de uma sociedade mediada por imagens, como revela a leitura feita pelo teórico da sociedade do espetáculo.

CAPITALISMO E ESQUIZOFRENIA: A LEITURA DE JOSEPH GABEL

Filósofo de origem húngara radicado na França, Joseph Gabel é um exemplo menos célebre de encontro entre marxismo e psicanálise, mas é o único a ser diretamente citado em *A sociedade do espetáculo*. Isso se deve, talvez, à sua condição de "pensador solitário", como escreve Debord em suas notas, reconhecendo que "muito daquilo que diz Gabel englobaria também a IS".[133] Debord estabelece com Gabel uma relação de reconhecimento, de maneira análoga àquela estabelecida com a obra de Marcuse, encontrando diversas ideias em comum. Contudo, esse reconhecimento nunca se completa, e Debord nota que

---

[133] As fichas de leitura da obra de Gabel encontram-se igualmente no conjunto intitulado "Philosophie, sociologie" (Fonds Guy Debord, NAF 28603, boîte 42). Todas as referências sucessivas remetem ao mesmo conjunto. As fichas não são numeradas.

Gabel é "ele mesmo um médico, um especialista, e, por esse simples fato, um pensador reificado. Curioso que ele não diga nada sobre a relação [entre] reificação e especialização — nem na sociedade industrial, nem entre seus críticos ideólogos".

Gabel tinha, com efeito, estudado psicopatologia com Eugène Minkowski. Em seu percurso particular, ele segue uma abordagem heterodoxa da teoria marxista e tenta aproximar a dialética marxiana da crítica bergsoniana da espacialização do tempo, sem se preocupar com a provável recepção malquista dos marxistas ortodoxos: "Demos pouca importância aos problemas de 'denominação controlada'", escreve Gabel, brincando com a expressão francesa que designa a regulação das nomenclaturas de vinhos, "a condenação possível por lesa-marxismo que poderia nos custar a introdução da dialética bergsoniana nesse contexto nos é indiferente" (Gabel, 1962, p. 28). Seu verdadeiro objetivo, porém, era menos o de aproximar Marx de Bergson do que o de entrecruzar a teoria da reificação de Lukács com a psicopatologia de Minkowski. O bergsonismo — explícito em Minkowski e difuso em Lukács — tornava possível tal cruzamento. Segundo Gabel, isso permitiria "enriquecer nossos conhecimentos em ambos os sentidos" (Gabel, 1962, p. 58). Por um lado, poderíamos proceder a "uma reavaliação 'materialista — sociologizante' das concepções de Minkowski" (Gabel, 1962, p. 70); por outro, a esquizofrenia, enquanto "realidade viva, tangível", ajudaria na compreensão da falsa consciência "que é, ao fim e ao cabo, uma abstração" (Gabel, 1962, p. 58).

Para Lukács, se o tempo e o espaço constituem as dimensões básicas em que se desenrola a experiência do sujeito, é necessário, antes de tudo, compreender de que maneira a generalização do modo de produção capitalista modificou essas categorias. O fenômeno que o filósofo chama de reificação se caracteriza justamente pela perda da diferença qualitativa entre essas duas categorias: o tempo se despe de seu caráter fluido e efêmero para se "coagular" em unidades homogêneas e intercambiáveis. O tempo racionalizado da produção capitalista seria, portanto, um tempo espacializado — e Gabel encontra aqui, com razão, os ecos da filosofia bergsoniana.

Essa presença das ideias de Bergson na obra de Lukács é pouco notada por seus comentadores e vale uma pequena digressão. Segundo Gabel (1962, p. 16), nos primeiros decênios do século XX, o bergsonismo teve um papel "importante e [...] sobretudo progressista" no debate intelectual húngaro, o que deixaria marcas importantes na filosofia de Lukács, ainda que o autor não faça referências diretas a essa matriz filosófica. A pista de Gabel é interessante e pode ajudar a entender a importância que o filósofo dá à dimensão qualitativa do tempo, em oposição à espacialização da experiência no capitalismo. Ajuda também a entender a permanência da mesma oposição em Debord, que menciona um "movimento essencial do espetáculo, que consiste em recuperar em estado coagulado tudo aquilo que existia na atividade humana em *estado fluido*" (SdE, §36).[134]

A perspectiva de Minkowski, por sua vez, é mais abertamente bergsoniana, acentuando notadamente a "perda de contato vital", o que "aparece essencialmente como uma perda de contato com a duração" (Gabel, 1962, p. 70). Nesse contexto, "o esquizofrênico é um ser invadido pela espacialidade" (Gabel, 1962, p. 70). Assim, se a reificação, compreendida como um fenômeno social total, implica a generalização da experiência espacializada do tempo, isso significa que o capitalismo produz uma personalidade não apenas "contemplativa", como escreve Lukács, mas também uma personalidade esquizofrênica.

Debord encontra em Gabel a possibilidade de compreender a sociedade do espetáculo em sua dimensão psicopatológica,

---

[134] Anselm Jappe (2008) já havia notado essa ressonância de Bergson em Debord, o que atribuía à presença longeva e difusa do bergsonismo no pensamento francês. Todavia, a julgar pela indicação de Gabel, isso pode ter se dado mais precisamente por via da obra de Lukács, referência fundamental para Debord.

como o comprovam as diversas reflexões em suas notas. Ele observa que "uma carência total de espaço equivale a uma invasão pelo espaço", acrescentando entre parênteses: "o mundo da TV". Ele nota também a relação entre *"presentificação da duração e jornalismo"*, indicada por Gabel, em que "a temporalidade da informação, prisioneira da atualidade política (não somente!), tende a uma sucessão não estruturada de momentos presentes para desembocar, no limite, em um *continuum* de tipo espacial".[135] Mais adiante, ele chega à seguinte conclusão: "Em suma, a sociedade do espetáculo seria esquizofrênica em toda sua produção — inclusive na produção do espetáculo em sentido parcial; do espetáculo aparente — e histérica em todo seu consumo". No final de sua leitura, ele esboça uma nosografia da sociedade do espetáculo, baseando-se nas patologias indicadas por Gabel:

> O espetáculo deve normalmente disseminar as seguintes doenças mentais:*
> Esquizofrenia — em relação com a alucinação alcoólica (o universo do homem sitiado)
> Manias melancólicas
> Histeria (mitomania =? pseudologia)
> Gabel nota alguma presença da paranoia (fenômenos sérios de *Verweltlichung*) "apagamento dos limites entre o Eu e o Mundo"; a pseudologia sendo o apagamento dos limites entre o verdadeiro e o falso.
> *Todas no âmbito sub-realista de Gabel (excesso de reificação)

---

[135] Nessa frase, Debord mescla suas próprias palavras com as palavras de Gabel: "La temporalité de l'information politique tend alors vers une succession non structurée de moments présents pour aboutir, à la limite, à un continuum, de type spatial" [A temporalidade da informação política tende então a uma sucessão não estruturada de momentos presentes, desembocando, no limite, em um *continuum* de tipo espacial] (Gabel, 1962, p. 93).

A nota é excepcional, dado que, em *A sociedade do espetáculo*, Debord não emprega nada remotamente próximo a tal terminologia. A única doença mental evocada no livro é o autismo, precisamente nas teses em que Debord remete à obra de Joseph Gabel, como no trecho a seguir:

> A consciência espectadora, prisioneira do universo achatado, limitada pela tela do espetáculo para trás da qual sua própria vida foi deportada, conhece apenas os interlocutores fictícios que a entretêm unilateralmente sobre suas mercadorias e sobre a política das mercadorias. O espetáculo, em toda sua extensão, é seu "signo do espelho". Aqui encena-se a falsa saída de um autismo generalizado. (SdE, §218)

Encontramos a origem dessa passagem nas fichas de leitura de Debord. Ele nota que Gabel (1962, p. 148) trata do "signo do espelho" como "ilusão do encontro: falsa saída do autismo, na esquizofrenia". O signo do espelho, alienação da imagem especular, quando o sujeito observa perplexo sua própria imagem, é um sintoma de despersonalização que pode acompanhar a esquizofrenia. Essa alienação pode, porém, dar a falsa impressão de um encontro, em que o desdobramento do indivíduo aparece como um consolo ardiloso de seu próprio isolamento. Note-se que Gabel faz aqui uma derivação desse conceito psiquiátrico para compreender, por meio de um deslocamento analógico, a falsificação dos Estados totalitários. Esse ponto chamou a atenção de Debord, que recopiou um excerto do texto em suas fichas:

> [...] nós podemos constatar que existe um comportamento estatal bastante próximo fenomenologicamente do "signo do espelho" dos psiquiatras. Ocorre quando um Estado — geralmente totalitário — escolhe um interlocutor fictício para caucionar, sob a forma de uma suposta negociação, um ato de violência ou uma conquista territorial. Assim como no fenômeno clínico em

questão, trata-se de uma ilusão de encontro com um interlocutor fictício; um comportamento de estrutura esquizofrênica. (Gabel, 1962, p. 198)

A propósito dessa passagem, Debord escreve "aplicar ao espetáculo social", acrescentando à margem: "Todo o espetáculo a todo instante". A sociedade do espetáculo seria então aquela do "autismo generalizado", doença falsamente aliviada pelo "falso encontro" com as imagens que mostram apenas interlocutores fictícios, uma vez que não há diálogo possível entre o sujeito que contempla e a imagem contemplada. O sujeito tem, portanto, a impressão de encontro com um outro, representado diante dele, mas com o qual não pode estabelecer uma relação de comunicação, permanecendo aprisionado na identificação vazia com a imagem. O que está ausente aqui é justamente a alteridade. Tanto para Gabel quanto para Debord, trata-se de uma relação antidialética. A relação dialética seria aquela do conflito das consciências, que leva ao reconhecimento mútuo. Diante da imagem, não podemos reconhecer nem sermos reconhecidos. O que resta é a ilusão do encontro, expressão que Debord toma de empréstimo a Gabel:

> A remoção da práxis e a falsa consciência antidialética que a acompanha, eis o que é imposto a todo momento da vida cotidiana submetida ao espetáculo. Isso deve ser compreendido como a organização sistemática da "perda da faculdade de encontro", e como sua substituição por um *fato alucinatório total*: a falsa consciência do encontro, a "ilusão do encontro". (SdE, §217)

É importante notar que é Debord quem alarga o conceito mais restrito de Gabel. A ilusão de encontro é compreendida, psiquiatricamente, como um fato alucinatório. Em suas notas, Debord menciona que a alucinação se torna socialmente organizada: "O fato alucinatório é uma falsa consciência do encontro ('ilusão do encontro'). Assim, todo o espetáculo, sendo organizado coletivamente (socialmente), é na verdade um fato alucinatório *social*". Essa é a ideia retomada na tese supracitada. Isso implica considerar a sociedade do espetáculo como uma sociedade de loucura generalizada, em que a falsa representação do mundo objetivo não é fruto do erro subjetivo. Ao contrário, trata-se justamente de uma representação coletivamente partilhada; portanto, uma realidade objetivamente existente, mesmo que falsa. Essa alucinação social não seria uma projeção do eu que deforma a realidade, e sim, inversamente, a submissão do eu à imagem deformada do mundo — e que acabaria por colocar em xeque a própria capacidade do sujeito de discernir entre o verdadeiro e o falso.

> O espetáculo — que é o apagamento dos limites entre o eu e o mundo pelo esmagamento do eu assolado pela presença-ausência do mundo — é igualmente o apagamento dos limites do verdadeiro e do falso pelo recalque de toda verdade vivida sob a *presença real* da falsidade garantida pela organização da aparência. Aquele que sofre passivamente sua sorte cotidianamente estranhada é, portanto, empurrado em direção a uma loucura, que reage ilusoriamente a esta sorte recorrendo a técnicas mágicas. (SdE, §219)

As proposições de Debord nessa passagem encontram ecos na realidade presente. A crescente indistinção entre o verdadeiro e o falso, cuja dimensão objetiva é posteriormente sublinhada pelo autor em seus *Comentários*, antecipa os recentes debates sobre a pós-verdade (sem o espanto ou a leviandade que os caracterizaram). Além disso, quando concebe um eu sitiado e o apagamento dos limites entre o eu e o mundo, Debord parece antecipar em parte as teses de Christopher Lasch, que apresentará a sociedade capitalista como aquela em que predomina a subjetividade narcísica.[136] Todavia, Debord não faz nenhuma referência ao narcisismo. Não encontramos tampouco menções a esse conceito nos autores que lê à época.[137] Na nota citada mais acima, vê-se que, para Gabel, o apagamento dos limites entre o eu e o mundo está associado à paranoia, mais do que ao narcisismo, ao passo que o apagamento dos limites entre o verdadeiro e o falso remete à "pseudologia" (isto é, a mitomania).

Para Debord, em sua teoria, o elemento fundamental que permanece é a ausência de uma comunicação intersubjetiva verdadeira, substituída aqui pelo encontro ilusório com a imagem: a "pseudorresposta de uma comunicação sem resposta" (SdE, §219). A saída desse estado patológico no qual se perdeu a sociedade capitalista deveria passar, necessariamente, pela redescoberta do verdadeiro diálogo, a instauração de um processo de comunicação que pudesse dar lugar novamente ao reconhecimento intersubjetivo. Isso não se daria, porém, sem uma reorganização total da sociedade, que deveria englobar em um só movimento a organização da produção, da comunicação e da linguagem. Fiel a uma perspectiva revolucionária de matriz conselhista, Debord propõe o "conselho operário" como o lugar de comunicação direta onde seriam tomadas as decisões coletivas sobre a vida comum.

---

[136] Ver a esse propósito a obra clássica de Christopher Lasch, *The Culture of Narcissism* [A cultura do narcisismo] (1979). Para um desdobramento contemporâneo da noção de narcisismo, entendida como realização cabal de uma forma-sujeito ensejada pela forma-valor, ver *A sociedade autofágica*, de Anselm Jappe (2021).

[137] Inversamente, Marcuse (1963), em *Eros e civilização*, apresenta o mito de Narciso como uma figura positiva e potencialmente emancipatória.

Em suas dimensões tanto teórica quanto política, o pensamento de Debord estabelece um vínculo forte entre comunicação e comunidade, ou, como notou Jonathan Crary (2016, p. 129), "comunicação não como a transmissão de mensagens, mas, de alguma maneira, um *éthos* de compartilhamento". Em oposição a isso, Crary (2016, p. 129) também observa que "o espetáculo é a expropriação daquela possibilidade, é a produção de um tipo de comunicação unidirecional que ele define como 'um autismo generalizado'". Ele retoma o pensamento de Debord em ensaio crítico recente sobre o capitalismo tardio. Tendo sob o olhar "a continuidade e os desdobramentos dos eventos insurrecionais que começam em 2011 na Tunísia, no Egito, em Wisconsin, na Espanha, em Oakland, no Bahrein, no parque Zuccotti e em outros lugares" (Crary, 2016, p. 128), sustenta a importância de retornarmos ao texto de Debord, que auxilia na compreensão das "circunstâncias que impedem ou ampliam as possibilidades de uma ação política coletiva" (Crary, 2016, p. 128). O que Crary não sabe (ou não explicita) é que, ao retornar a Debord, encontra também Gabel. Assim, escreve o autor: "Debord compreendeu que, por volta dos anos 1960, o capitalismo havia promovido o colapso sistemático da faculdade de encontro (*reencontre*), substituindo-a 'por uma alucinação social, uma ilusão de encontro'" (Crary, 2016, p. 128-9). Logo em seguida, propõe uma questão sobre o presente: "Quanto da energia investida em blogar, no mundo todo — por cerca de centenas de milhões de pessoas, muitas vezes utilizando a linguagem da resistência — é equivalente ao autismo em massa identificado por Debord?" (Crary, 2016, p. 129).

No intuito de problematizar aspectos da sociabilidade contemporânea, que acredita impeditivos das ações coletivas transformadoras, Crary retorna à crítica da sociedade do espetáculo que Debord formulou no alvorecer do capitalismo tardio. Julga, corretamente, que o situacionista foi capaz de apreender uma lógica que se desdobra ainda hoje, auxiliando na compreensão de fenômenos sociais atuais. Ignora, porém, que as passagens sobre a qual se detém são frutos do diálogo de Debord com o pensamento de Joseph Gabel. Meu intuito não é invalidar a leitura de Crary nem questionar a pertinência atual dessa passagem do texto de Debord, como se estivesse limitada ao debate intelectual de sua época. Pretendo apenas apontar a presença de outras camadas de sentido menos evidentes, que, uma vez reveladas, podem ensejar outras reflexões. Na análise em questão, vemos que é primeiro Gabel que estabelece uma analogia entre o quadro clínico e o político, comparando a falsificação ideológica operada pelos Estados totalitários, mediada por falsos interlocutores, ao fenômeno psiquiatricamente designado como signo do espelho. Isso chama a atenção de Debord, que decide, então, alargar essa noção para "todo o espetáculo (a todo instante)", o que o leva a elaborar a ideia segundo a qual o "fato alucinatório" da "ilusão do encontro" tornou-se um "fato alucinatório *social*", invertendo a relação entre normal e patológico, positivando como norma um quadro deficitário de relações intersubjetivas. É sobretudo nessa passagem do individual ao coletivo — que equivale aqui a perceber o isolamento do indivíduo no coletivo por meio de um mecanismo de falso encontro narcísico — que Debord opera seu desvio e funda seu próprio conceito.

— EPÍLOGO —
Guy Debord, atualidade radical

SEPARAÇÃO CONSUMADA?

Iniciei este livro insistindo sobre o fato de que a crítica de Debord é, acima de tudo, uma crítica da separação. Essa constatação pode ser compreendida tanto em sua dimensão social ampla — da modernidade capitalista entendida como totalidade fragmentada em diferentes esferas sociais — quanto em sua dimensão subjetiva — das formas de consciência agora cindidas em consequência do processo de produção de mercadorias (cisão entre contemplação e ação, por exemplo, na teoria da reificação de Lukács, incorporada e desdobrada por Debord). Contudo, foi dito também que, em sua última obra teórica, *Comentários sobre a sociedade do espetáculo*, Debord relativiza a ideia da separação entre a representação e o vivido, sobre a qual repousou até então sua teoria do espetáculo, falando da integração do espetáculo à realidade. Nesse movimento conclusivo, propus, portanto, revisitar a noção de separação, no intuito de indicar limitações e potencialidades abertas no pensamento de Debord com relação à atualidade (mas sem extrapolar as ideias do próprio autor).

O primeiro problema diz respeito ao próprio conceito de sujeito, sobre o qual se funda inicialmente toda crítica da alienação. A crítica da separação seria apenas um lamento perante a irredutibilidade do não idêntico, nada mais do que um desejo tirânico do sujeito sobre o mundo objetivo? E teriam as apostas no sujeito revolucionário feito com que a teoria de Debord fosse levada de roldão com a superação do trabalho vivo pela própria evolução histórica contraditória do capitalismo? Ou, pelo contrário, a teoria do espetáculo ainda indicaria a separação no núcleo da socialização capitalista, que necessitaria sempre mais da mediação da mercadoria e da imagem? A dialética entre separação e reunião do separado não se recrudesceria à medida que o capitalismo se espraia para a integralidade do globo? Não se trata apenas de questionar em que medida a teoria do espetáculo auxiliaria na compreensão dos fenômenos posteriores à sua formulação. A pergunta pode também ser expressa de outro modo. Em que medida os desdobramentos do capitalismo tornariam mais perceptíveis certas potencialidades dessa teoria, que poderiam auxiliar na compreensão dos fundamentos da sociedade capitalista, da qual a sociedade do espetáculo seria apenas a fase mais atual?

APORIAS DO SUJEITO E CONSTITUIÇÃO FETICHISTA

Vale retomar aqui o diálogo com a leitura de Anselm Jappe, primeiro autor a analisar em profundidade a teoria de Debord. Como já havia notado o comentador, o pensamento de Debord é atravessado por "aporias do sujeito", e é possível afirmar que esse "supera, por um lado, a concepção de um sujeito ontologicamente antagônico ao capitalismo, e, por outro, adere-lhe" (Jappe, 2008, p. 172). Ele ressalva, porém, que seu pensamento não pode ser reduzido ao "*apriorismo* do sujeito, pivô da esquerda modernista [que], sem sequer se dar conta, absolve o capitalismo de seu delito mais grave: o de impedir a formação da subjetividade consciente" (Jappe, 2008, p. 173). A crítica de Debord não é feita em nome de um sujeito definido antecipadamente, mas em "nome de outra vida". Com isso, reconhece que em seu pensamento o sujeito não aparece como um "absoluto, uma essência estática", e sim como uma noção histórica. Em Debord, escreve Jappe (2008, p. 177), "a história é a história da produção do sujeito por si mesmo, numa interação entre o seu 'si' e suas criações, que permanecem sempre um reflexo do seu 'si'". Ao mesmo tempo, Jappe questiona a noção de alienação pressuposta na teoria do espetáculo, notadamente quando expressa na vontade de fazer do mundo um "reflexo do sujeito", recobrando, para esse fim, a crítica que Adorno já havia dirigido ao existencialismo: "a objetividade e o não idêntico podem efetivamente ser expressão de uma sociedade 'esclerosada', mas podem também indicar a existência de um mundo objetal, sem cuja aceitação e pacificação o sujeito nunca passará de um tirano" (Jappe, 2008, p. 178). Adorno distinguiu o conceito de reificação — enquanto crítica pertinente do fetichismo da mercadoria — daquele de alienação — no qual viu a hostilidade do sujeito a tudo o que lhe é estranho, uma relação abusiva com o não idêntico —, afirmando que "a dissolução de cada elemento reificado (*dinghaft*) sem resíduo regrediria ao subjetivismo do ato puro e hipostasiaria a mediação como imediatidade. Pura imediatidade e fetichismo são igualmente não verdadeiros" (Adorno *apud* Jappe, 2008, p. 178). A distinção conceitual entre alienação e reificação está certamente ausente em Debord, o que se explica em parte, conforme já apontado, por sua intenção de estabelecer — em oposição a Althusser e em consonância com Lefebvre — uma continuidade sem rupturas no pensamento de Marx, compreendendo a crítica do fetichismo, presente em *O capital*, como desdobramento da crítica da alienação, presente em seus manuscritos de juventude. Todavia, a ausência de uma formulação conceitual análoga àquela de Adorno não significa que Debord incorra no mesmo erro imputável ao existencialismo, e seria certamente demasiado ver em seu pensamento a busca da imediatidade ou a recusa completa do não idêntico. Como nota o próprio Jappe (2008, p. 179): "Debord não se opõe à ideia de se perder ou alienar no mundo circundante, mas deseja um mundo que faça nascer em nós a vontade de o fazer". No âmbito conceitual, isso se expressa na afirmação do tempo e da linguagem como instâncias de "alienação necessária", portanto, como instâncias externas ao sujeito que não podem ser reduzidas à sua "tirania" ou dissolvidas na imediatidade.

A aporia do sujeito e sua irresolução conceitual estão certamente relacionadas ao fato de que, na teoria de Debord, o conceito de sujeito não é plenamente problematizado enquanto tal. Isso pode ser mais bem compreendido se situarmos o autor no contexto intelectual de sua época, com o qual ele estabelece uma relação conflituosa. Debord se encontra em um contexto fortemente marcado pela passagem de duas vogas intelectuais antagônicas, que apresentam compreensões diametralmente opostas com relação à problemática do sujeito. O imediato pós-guerra viu o fortalecimento da fenomenologia, em filosofia, e mais amplamente, como moda cultural, o triunfo do existencialismo, que, sob a égide de Sartre, postulava a centralidade do sujeito e identificava a liberdade ao âmbito das escolhas individuais conscientes. Em reação, seguiu-se o momento estruturalista, com a universalização dos pressupostos da linguística estrutural de Saussure para a integralidade das ciências humanas, levando à aparente descoberta de um mundo de sistemas que funcionam por conta própria, e no qual a liberdade subjetiva não passa de uma ilusão — mitos que pensam mitos, na antropologia de Lévi-Strauss; sujeitos falados pela linguagem, na psicanálise de Lacan; um homem como figura recente destinada a desaparecer, na filosofia de Foucault.

Obstinadamente arredio às vogas intelectuais e acadêmicas, Debord manteve-se alheio a esses debates. Por um lado, pode-se lamentar essa perda, que resultou na ausência de uma problematização direta do conceito de sujeito em sua teoria. Por outro, isso resguardou seu pensamento, que não pode ser inteiramente subsumido no debate de sua época, não se perdendo inteiramente em nenhum desses dois polos. Em oposição à afirmação voluntarista de uma liberdade subjetiva, Debord busca indicar as condições objetivas da não liberdade — que não seriam ontológicas, e sim sócio-históricas, portanto, transformáveis. Procura, assim, conservar uma apreensão dialética da relação entre liberdade subjetiva e determinações objetivas (aquela habitualmente entendida como a da relação entre indivíduo e sociedade). Disso resulta uma postura teórica mais sólida do que a do existencialismo, e uma postura política mais consequente do que a do estruturalismo. O que permanece como limitação é a não problematização da categoria sujeito, que permanece impensada, sendo ainda o pressuposto de sua proposta revolucionária. Afinal, a superação da não liberdade objetiva repousa ainda na ação revolucionária de um sujeito privilegiado, aquele que pode suprimir essa não liberdade ao revolucionar a sociedade. A aporia aqui contida, de um sujeito não livre que mesmo assim é capaz de agir livremente para suprimir sua não liberdade, é resolvida pelo estratagema hegeliano-marxista do sujeito-objeto idêntico. Na reelaboração de Lukács, já discutida, temos o proletariado como sujeito histórico que, para tornar-se sujeito pleno (em si e para si), deve necessariamente colocar em xeque as condições objetivas do modo de produção capitalista. O modelo hegeliano é, todavia, um modelo especulativo, e a reconciliação sujeito-objeto (superação do dualismo) se dá na idealidade do conceito. A transposição desse modelo para a prática permanece incerta e sua exposição é lacunar. Mesmo na reversão do idealismo hegeliano proposto por Marx, isso se dá ainda pela manutenção do sujeito apriorístico, que, ao indicar um sujeito privilegiado na formação da classe, resvala na ontologia do trabalho.

A tomada de consciência é ademais oposta apenas à falsa consciência objetiva, enquanto o ser sujeito permanece identificado imediatamente ao ser consciente. Não há, em outras palavras, inconsciência no sujeito. Aqui seria preciso, mais uma vez, evocar a teoria do inconsciente de Freud, que compõe um verdadeiro divisor de águas na história do pensamento, rompendo com os pressupostos até então assentes na tradição filosófica ocidental, que limitavam a filosofia a uma filosofia da consciência. Freud, porém, prontamente ontologiza sua descoberta, e faz do inconsciente uma determinação fisiológica. Com relação à história da filosofia, aquilo que poderia ser uma revolução limita-se a ser uma reforma. O inconsciente é incorporado à noção apriorística de sujeito, como uma das categorias que determinam suas possibilidades de apreensão consciente e, consequentemente, seu agir. A descoberta de Freud é, sem dúvida nenhuma, um grande ganho na compreensão da não liberdade subjetiva, e a afirmação desesperada dessa liberdade, como na filosofia sartriana, só pode ocorrer por uma recusa — como faz Sartre ao tentar invalidar a noção mesma de inconsciente. Mas o que resta de problemático é a articulação entre essa parte de inconsciência no sujeito e o mundo objetivo que o contém. Mais importante, e dito de outro modo, o que se perde na formulação freudiana que compreende o inconsciente como fisiologicamente determinado é a articulação entre inconsciente (individual) e formação social (historicamente variável). É justamente nesse sentido que autores críticos do chamado freudo-marxismo tentaram reencaminhar a teoria freudiana, articulando-a com a teoria social marxista. Isso se fez, boa parte das vezes, sem que fosse colocado em questão o aparato conceitual freudiano. Ao invés de questionar a validade a-histórica dos conceitos apresentados por Freud, ocorreu por vezes o contrário: esses mesmos conceitos foram hipostasiados e transportados para a escala social. Entre eles, o próprio conceito de inconsciente permaneceu intocado, e sua articulação com as formas de inconsciência social manteve-se precária. Como vimos, Marcuse fez um esforço nesse sentido ao questionar a validade natural dos conceitos freudianos bem como a base repressiva da teoria psicanalítica, que deveria ser revista em resposta a uma transformação histórica das relações de produção no capitalismo avançado. O enfoque quase exclusivo sobre a dimensão repressiva da teoria de Freud passa, porém, ao largo da relação entre inconsciência, enquanto dimensão constitutiva do sujeito, e fetichismo (ou seja, inconsciência), enquanto dimensão constitutiva dos elos sociais.

Debord, por sua vez, manteve uma relação mitigada com a psicanálise. Afastou-se dela inicialmente, buscando distanciar-se do surrealismo, e a redescobriu pelo prisma do freudo-marxismo. Todavia, como ressaltei, seu recurso à teoria de Freud permaneceu restrito: frequentemente desviou os conceitos psicanalíticos no intuito primeiro de tratar da sociedade como um todo e de sublinhar o caráter fetichista da economia. Aquilo que, por um lado, pôde ser visto como uma limitação — Debord nunca estabeleceu um diálogo aprofundado com a teoria freudiana — pôde, por outro, ser convertido em uma potencialidade aberta de seu pensamento. Ao compreender o inconsciente como prioritariamente social (econômico), acreditando ademais na possibilidade de superá-lo, Debord aproximou sua teoria da articulação entre inconsciência e fetichismo. O inconsciente não seria apenas uma parte do sujeito, entendida como um alargamento de suas características apriorísticas, mas a parte de inconsciência social (relação fetichista) que está presente no sujeito. Essa inconsciência não seria talvez a mesma inconsciência que atravessa e estrutura, ao mesmo tempo, sujeito e mundo objetivo, os indivíduos e a sociedade como um todo, como reversos de uma mesma moeda — instâncias cindidas, mas cooriginárias, de uma mesma formação social?

Aqui seria possível pensar um diálogo com a teoria da "dominação sem sujeito" de Robert Kurz, que, ao compreender o capitalismo como uma constituição fetichista, coloca em xeque a própria noção de sujeito, entendendo-a, na verdade, como forma ínsita à sociedade do valor. Analisando a evolução do conceito de sujeito, sublinha as aporias que resultam de sua configuração dualista, e que obstam a compreensão da constituição social em sua dimensão fetichista, resultando em vias emancipatórias sem saída. Para o sujeito do Esclarecimento, escreve Kurz, "há, a título de grandezas referentes, ou bem objetos inconscientes (natureza) ou bem outros sujeitos. Assim, o fetiche só pode ser ou objeto, isto é, natureza, e, desse modo, inafugentável, ou precisamente um outro sujeito exterior" (Kurz, 2010, p. 257). O segundo caso expressa-se na consciência religiosa pré-moderna (na qual a separação sujeito/objeto ainda não se deu de modo coerente), ou nas formas de consciência moderna que tentam atribuir o ordenamento social à ação de um sujeito dominador. O primeiro caso é aquele expresso nas teorias que identificam a segunda natureza à primeira natureza, hispostasiando o mundo social em ordem natural e a-histórica.

Opondo-se a essa dualidade redutora, Kurz afirma que "os conceitos de fetiche e de segunda natureza remetem, porém [...] ao aceite de que há 'algo' que não se deixa absorver pelo dualismo sujeito/objeto, que, por si mesmo, não é nem sujeito nem objeto, senão que constitui essa própria relação" (Kurz, 2010, p. 257). Desse modo, o conceito de segunda natureza seria central para a compreensão da situação aporética do sujeito como parte da constituição fetichista. O conceito indica uma constituição efetivamente "destituída de sujeito" — como querem as "teorias dos sistemas", ou como apontava outrora a filosofia estruturalista — mas que é, ao mesmo passo, "formada pelo agir e o fazer humanos" (Kurz, 2010, p. 250). Além disso, a noção indica o caráter paradoxal da sociabilidade humana enquanto dimensão de emancipação da ordem natural. "A 'segunda natureza' significa que a sociabilidade dos seres humanos, a qual perfaz sua própria essência, constitui-se e exibe-se, de modo análogo à primeira natureza, como uma essência externa a eles mesmos, que lhes é estranha e não é integrada do ponto de vista subjetivo" (Kurz, 2010, p. 250). Em outras palavras, é no próprio movimento de emancipação da natureza — mesmo movimento que permite sua constituição como sujeito — que o homem engendra uma constituição social destituída de sujeito, e que ele não logra apreender plenamente nem como sujeito nem como objeto.[138]

Se a consciência do Esclarecimento não consegue reconhecer nada além de sujeito (consciência) ou objeto (natureza), como afirma Kurz, isso significa que seus desdobramentos podem apenas levar ou à afirmação peremptória do sujeito que dissolve a segunda natureza, ou, inversamente, à dissolução do sujeito na objetividade, igualando segunda e primeira naturezas. Daí a necessidade de se superar o dualismo sujeito-objeto, o que deve ser feito buscando-se uma instância além desse dualismo, tanto no âmbito da constituição social quanto no interior de cada ser humano. O "terceiro termo" que responde a essa necessidade é justamente aquele do inconsciente, que não deve ser pensado apenas na sua relação com o indivíduo, mas também na relação de constituição dos elos sociais. Nesse sentido, embora a teoria freudiana deva ser reconhecida como principal exploradora do conceito de inconsciente, ela o reduziu à esfera privada e operou sua ontologização como componente trans-histórica (tal como já apontado), processos que devem ser criticados. Para Kurz, o debate filosófico sobre as formas gerais de consciência (e, após Freud, de inconsciência) deve ser recolocado não mais pelo viés especulativo ou fisiológico, e sim segundo critérios "histórico-genéticos". Isso significa que, tanto quanto reduzir o inconsciente à simples dimensão do indivíduo, é igualmente insuficiente hipostasiá-lo à dimensão social de modo a-histórico, com isso obliterando o processo histórico de constituição do sujeito que permite precisamente elucidar sua situação contraditória. De certo modo, essa é a crítica que Debord já apresentava contra o estruturalismo, como "pensa-

---

[138] Nas palavras de Kurz (2010, p. 251), "o ser humano contrapõe-se à primeira natureza enquanto sujeito, mas só lhe é dado fazê-lo como ser humano, isto é, como ser social. Contudo, na qualidade de ser social, ele é, por seu turno, constituído sem sujeito, como constituição de segunda ordem destituída de sujeito".

mento anti-histórico" que sonha com "a ditadura de uma estrutura inconsciente pré-existente sobre toda a práxis social" (SdE, §201). De modo semelhante, Kurz também encontra no estruturalismo a mesma falha da perda de historicidade, que leva a compreender erroneamente as determinações da segunda natureza — já em si um produto do agir humano — como uma imutável primeira natureza.

A inconsciência deve, portanto, ser apreendida em escala tanto individual quanto social, mas em configurações historicamente mutáveis. Em outras palavras, as *formas de consciência* devem ser compreendidas em relação com a constituição social, que, ao longo da história, tem se revelado em diferentes formas de *constituição fetichista*. Assim, "para cada nível de formação vigora uma forma própria e inconsciente de consciência com suas pertinentes regularidades e codificações" (Kurz, 2010, p. 266). Mais ainda, "a forma de consciência da respectiva constituição fetichista abrange todos os aspectos humanos da vida" (Kurz, 2010, p. 267). Por essa razão, o conceito de inconsciente, chave para a superação do dualismo sujeito/objeto e das aporias do Esclarecimento, tem de ser reposicionado para se pensar as relações sociais como um todo, auxiliando em sua compreensão como constituição fetichista. Nas palavras do teórico:

> Apenas quando o conceito de inconsciente for elevado ao patamar reflexivo da forma de consciência comum a todos os membros da sociedade, e, com isso, da constituição fetichista, o conceito de dominação privada de sujeito poderá ser logrado, sem entretanto decair num novo déficit de explicação. Enquanto forma geral da consciência, forma geral do sujeito [...] e forma geral de reprodução da sociedade, o inconsciente objetiva-se sob a forma de categorias sociais (mercadoria, dinheiro) que abrangem, sem exceção, todos os membros da sociedade, mas, por isso mesmo, constitui simultaneamente a propriedade inconsciente do próprio sujeito. (Kurz, 2010, p. 279)

Frisemos que "o inconsciente objetiva-se sob a forma de categorias sociais (mercadoria, dinheiro) que abrangem, sem exceção, todos os membros da sociedade" — e poderíamos adicionar o espetáculo como uma dessas categorias sociais. Ao identificar o conceito de inconsciente à inconsciência econômica, Debord constrói uma teoria que, ao menos em parte, vai no sentido indicado por Kurz. O conceito de segunda natureza é, como visto, central em Debord, que identifica no espetáculo o constante movimento de reconstituição de uma pseudonatureza. Sua crítica à modernidade capitalista aponta justamente sua falsa emancipação com relação à natureza, pois esta, em vez de criar as condições da liberdade, reconstitui um segundo mundo de necessidades. Mas sua identificação quase imediata do inconsciente com a ordem objetiva indica também uma carência de reflexão sobre o conceito de sujeito e, dessa forma, sua teoria não pode alcançar o conceito de inconsciente como parte constitutiva do sujeito — este não mais pensado no sentido proposto por Freud, mas na perspectiva indicada por Kurz, e situado na passagem da primeira à segunda natureza, processo que funda o sujeito ao mesmo tempo que o destitui. Falta, assim, a apreensão da inconsciência formal do sujeito, isto é, do fato de que o sujeito é inconsciente de sua própria forma. Talvez por isso, ao fazer a crítica da não liberdade determinada pela constituição fetichista, Debord tenda sempre a recair na afirmação da liberdade subjetiva, cujo caminho estaria simplesmente no reconhecimento consciente das determinações objetivas — como se o próprio sujeito não fosse também um efeito dessa mesma formação.

Pode-se dizer, enfim, que Debord dá precedência a Marx sobre Freud e que, ao fazê-lo, logra escapar aos limites do segundo, mas herda, em parte, as limitações do primeiro. Kurz reconhece que em Marx o problema da forma geral da consciência é já de saída tratado "historicamente como constituição fetichista", primeiro com uma apresentação "sucinta de seus elementos fundamentais na parte introdutória de *O ca-*

pital", para depois "desenvolvê-la mais detidamente, então, mediante suas determinações sociais objetivadas, na figura das categorias econômicas da relação do capital" (Kurz, 2010, p. 264). Reconhece ainda que em nenhum momento Marx "deixa dúvidas de que lidamos, aqui, a um só tempo, com formas de consciência *gerais* e 'invertidas'" (Kurz, 2010, p. 265). Desse modo, Marx abre caminho para a compreensão da forma geral de consciência que é intrínseca ao sistema produtor de mercadorias, sistema "constituído mediante o fetiche" (Kurz, 2010, p. 265). Contudo, não pode levar essa reflexão às últimas consequências, porque seu pensamento permanece, em parte, atrelado à ontologia do trabalho. É daí que surge uma "limitação", pois "o ponto de vista das classes e dos trabalhadores requer um enfoque antagônico dualista e impele a questão da consciência à respectiva 'consciência de classe', de modo que a pergunta pela forma geral da consciência ainda não pode ser empreendida com clareza 'anteriormente' ao 'antagonismo-de-classes'" (Kurz, 2010, p. 265). Segundo Kurz, isso se dá porque Marx "confunde dois níveis de problema e, com isso, duas concepções teóricas historicamente incompatíveis; ou seja, por um lado, a luta de interesses no interior do próprio capitalismo (vulgo luta de classes), a qual pode ser compreendida como o motor da modernização formada pela mercadoria; e, por outro, a crise e a crítica da própria forma da mercadoria (isto é, da constituição fetichista), a qual só agora adentra no campo de visão como algo que se coloca 'para além da luta de classes'" (Kurz, 2010, p. 264).

Vemos, portanto, que a crítica de Kurz, que não poupa sequer o próprio Marx, não é uma crítica puramente intelectual, mas está assente em um processo de transformação sóciohistórica fundamental. A "limitação" do pensamento de Marx se faz perceptível apenas agora, precisamente porque as próprias transformações no capitalismo avançado tornaram caduca essa referência, outrora obrigatória, ao trabalho. Com o desenvolvimento máximo das forças produtivas, substituindo crescentemente o trabalho vivo e tornando os trabalhadores supérfluos para a reprodução do capital, a aposta no proletariado como classe revolucionária tornou-se ultrapassada, e a crítica do capitalismo teve de ser repensada. É nesse contexto que uma crítica à ontologia do trabalho se torna possível. O trabalho revela-se como categoria fundamental da constituição fetichista, uma vez que é o trabalho abstrato que dá substância ao valor. A afirmação positiva do trabalho, reiterada na perspectiva da luta de classes, revela-se o oposto do que se acreditava: não uma negação do capitalismo, mas a reafirmação de seus fundamentos — uma verdadeira negação do capitalismo requer, portanto, uma "crítica do trabalho", e não "uma crítica do ponto de vista do trabalho" —, para ficar na formulação clara de Moishe Postone (2014, p. 15). Não se poderia, portanto, esperar que Marx, em outro momento histórico, fosse capaz de elaborar tal crítica. No entanto, há em Marx diversas percepções nesse sentido, notadamente nos *Grundrisse*, o que torna seu pensamento válido ainda hoje, podendo ser reposicionado em relação ao presente (daí o esforço de Kurz de distinguir um duplo Marx, aquele que embasou o marxismo tradicional e aquele que pode agora servir a uma crítica radical).

De modo semelhante, seria insensato esperar da teoria de Debord que respondesse a questões que apenas se tornariam plenamente pensáveis após posteriores transformações históricas do capitalismo. Entretanto, se sua teoria estivesse inteiramente atrelada à ontologia do trabalho, dificilmente teria muita validade no presente. Esse definitivamente não é o caso. A teoria de Debord trata da sociedade como um todo, e aponta um estado de alienação generalizada que vai muito além do problema da distribuição de riquezas ou da apropriação dos bens por parte de uma classe em detrimento de outras. Assim como em Marx, há em Debord o esforço de apreender a forma de consciência geral intrínseca ao sistema produtor de mercadorias. E, assim como em Marx, esse esforço ainda é barrado por uma referência necessária ao trabalho e à classe trabalhadora como classe revolucionária (o que cinde o problema da consciência geral em consciência de classe). Todavia, mesmo nesse caso, Debord já possui um ponto de vista heterodoxo que não se reduz à afirmação do trabalho enquanto tal. Muito provavelmente por estar diante de uma sociedade já bastante diversa daquela descrita por Marx, Debord procura ressignificar os conceitos de trabalho e de proletariado. O trabalho é especificado como trabalho-mercadoria, ou seja, como trabalho abstrato produtor de valor, no intuito de salvaguardar uma outra noção de trabalho que não fosse idêntica às formas do agir na constituição fetichista do capitalismo. Debord sempre foi um crítico do trabalho, crítica que ele herdou primeiramente da literatura e da arte. Sua famosa inscrição de juventude, "Não trabalhe jamais", e que ele continuaria a reivindicar ao longo da vida, remete primeiramente àquela recusa artística do trabalho, uma recusa da sociedade burguesa e de seus valores fundamentais, como afirmada na poesia moderna e nas vanguardas do entreguerras.[139] Essa herança artística foi-lhe estímulo para elaborar uma posição heterodoxa no seio do marxismo, o que faz com que sua teoria permaneça válida precisamente por não depender totalmente do ponto de vista do trabalho. Pelo contrário, ela tem como alvo a extensão da alienação para além do âmbito do trabalho, e foi uma das primeiras a articular a alienação do lazer com a alienação da produção, apontando já no sentido de uma compreensão do fetichismo

---

[139] Retorno a esse assunto no segundo volume, ao tratar da relação de Debord com as vanguardas que o precederam. Para conhecer os diferentes momentos de crítica ao trabalho no pensamento francês dos séculos XIX e XX, deve-se consultar o estudo de Alastair Hemmens, *The Critique of Work in Modern French Thought: from Charles Fourier to Guy Debord* [A crítica do trabalho no pensamento moderno francês: de Charles Fourier a Guy Debord] (Hemmens, 2018), que na França foi publicado precisamente com o título de *Ne travaillez jamais* [Não trabalhe jamais].

como fenômeno estruturante da totalidade social para além das diferenciações funcionais de suas diversas esferas.

TEMPO E LINGUAGEM

O conceito de alienação pode ser por vezes problemático, carregando certa carga idealista, como se pressupondo uma essência subjetiva que deveria se resguardar de perder-se no mundo objetivo. Todavia, como já apontado, Debord não se baseia em um conceito essencialista e estático de sujeito, mas em uma noção histórica que remonta, em primeiro lugar, à apreensão dialética, já contida em Marx, da relação do homem com a natureza: o sujeito se transforma em sua atividade de transformação do mundo objetivo. É importante, portanto, reiterar que essa crítica da alienação não se fez em nome da "tirania do sujeito". Embora Debord não estabeleça uma distinção explícita entre os conceitos de alienação e reificação, elabora uma diferenciação bastante semelhante com seus próprios termos. Essa pode ser apreendida nos momentos em que o autor designa âmbitos de "alienação necessária" opostos à "alienação espetacular" (equivalente à reificação).

Vimos isso de maneira clara quando tratamos da problemática do tempo na teoria de Debord, tema complexo, com mais de uma ramificação, contendo a proposição de uma dimensão qualitativa do tempo (âmbito da alienação necessária do sujeito em permanente devir) em oposição à sua redução quantitativa pelo processo produtor de mercadoria — donde Debord diferencia o conceito de tempo-mercadoria, a forma reificada do tempo. Além disso, Debord aponta diferentes objetivações sociais do tempo reificado, recomposto enquanto segunda natureza pseudocíclica. Sem a necessidade de repetir o que já foi dito, seria interessante apenas relembrar que o autor compreende também a noção de "proletarização" como atrelada à "expropriação do tempo". Essa reformulação do conceito de classe pelo viés da destituição temporal arrisca incorrer em uma generalidade tão grande que já não serviria mais como conceito diferenciador. Mais uma vez, o que seria visto como limitação pode ser revertido em potencialidade. A crítica do espetáculo não se esvai quando o trabalho vivo é descartado pelo avanço do capitalismo. O tempo de vida continua subjugado ao tempo social, o tempo abstrato de produção de mercadorias — e que retorna crescentemente como consumo espetacular. A destituição temporal permite enxergar a alienação na escala da sociedade, e não apenas dos trabalhadores fabris como outrora, assim como reconhecer a importância fundamental que cumpre o espetáculo enquanto manutenção desse aprisionamento temporal fora do espaço produtivo. Com o avanço dos meios de comunicação e das tecnologias digitais, e a consequente conectividade "24/7", a unificação do tempo social como tempo abstrato se completou, dando um sentido tangível à "proletarização do mundo" antevista por Debord. Trata-se de uma forma de privação que atinge a sociedade como um todo, transcendendo classes e entrelaçando de maneira íntima a reprodução do capital e o suposto "tempo livre", que já não é sequer mais discernível enquanto tal (a todo momento é possível "fazer negócios"). A experiência qualitativa do tempo foi extirpada até de seu último refúgio, o dos sonhos, que não podem existir em uma sociedade na qual já não se consegue mais dormir (Crary, 2016).

A mesma distinção entre alienação necessária e reificação deve ser conservada para os âmbitos da representação e da linguagem. Comentadores apressados por vezes tentam descartar a crítica do espetáculo, como se ela, por ser uma crítica da representação, postulasse uma espécie de relação imediata entre sujeito e mundo. Como vimos extensivamente, a crítica do espetáculo é uma crítica da separação, que repousa sobre a percepção de uma autonomização da representação com relação à realidade que deveria representar. Isso equivale a uma crítica da reificação da linguagem, que perde sua função comunicativa profunda e é reduzida à função puramente instrumental, submetida aos imperativos da reprodução econômica. Daí advém uma particularidade da teoria do espetáculo enquanto teoria revolucionária, pois ela não passa apenas pela apropriação dos meios de produção, e menos ainda pelo controle do aparato estatal. Se a teoria de Debord pode ser inserida na esteira do "comunismo de conselhos", isso não se dá apenas por sua escolha por um meio de organização em detrimento de outro, por mais que sejam centrais suas recusas da forma partido e do Estado em qualquer uma de suas configurações. Isso se dá porque Debord vislumbra na via conselhista a possibilidade de reinstaurar um verdadeiro processo comunicativo, e de, portanto, reconciliar o uso da linguagem com a organização da vida social. A crítica do espetáculo como crítica da representação alienada não é feita em nome de uma dissolução da representação na imediaticidade, como se uma vida não mediada pela representação fosse possível. Pelo contrário, ela é feita em nome justamente da crença no potencial de mediação da linguagem como passível de instaurar relações sociais não reificadas. Para isso seria necessário, também, desalienar a linguagem, reapropriar a linguagem roubada pelo espetáculo, esforço que embasa, por exemplo, toda a arte cinematográfica de Debord, como veremos no próximo volume.

Por ora, o fundamental é sublinhar que há em Debord a compreensão acertada de que, nas sociedades capitalistas, os elos sociais não estão alicerçados na mediação da linguagem ou na comunicação direta; são elos fundados em relações impessoais e indiretas, mediadas pelo trabalho produtor de mercadoria. As relações de comunicação direta se recompõem em esferas secundárias, como a esfera da política, cuja instituição é o Estado, mas que são apenas esferas funcionais subalternas a serviço da organização da vida social de sociedades que, todavia, constituem-se enquanto tal por meio do processo de produção e reprodução de valor abstrato. A mercadoria e o dinheiro — e, para Debord, o espetáculo — são as categorias que objetivam a dimensão inconsciente das relações sociais. Almejando romper com essas mediações, Debord acredita ser possível recompor uma forma não reificada de organização social pela mediação da linguagem. Embora o diagnóstico crítico seja acertado, a solução proposta permanece incerta. Se é correto que a sociedade capitalista é constituída de forma indireta, isso não significa necessariamente que bastaria substituir as mediações para refundar a sociedade sobre relações diretas. O risco de recair em uma aparência de relações diretas no interior de uma sociedade ainda estruturalmente não modificada é grande, como mostram os descaminhos da autogestão, uma das vias sustentadas pelos situacionistas. Sem uma crítica do trabalho abstrato enquanto verdadeiro princípio de síntese da modernidade capitalista — e que está ausente na defesa dos "conselhos operários" —, as substituições das formas objetivas de mediação das relações sociais diretas não são mais do que reorganizações das formas da política.

Há aqui outra limitação parcial no pensamento crítico de Debord que, mais uma vez, deve-se a uma crítica ainda incompleta da categoria do trabalho — a qual se tornaria mais amplamente pensável apenas anos mais tarde, como já dito. Todavia, essa contradição inadvertida não nos deve fazer esquecer que Debord foi um grande crítico do Estado e das falsas ilusões da política, à direita e à esquerda, criticando as organizações partidárias e todas as formas de burocratização das lutas revolucionárias. Isso se deu sem dúvida por conta de sua compreensão acertada da sociedade capitalista como fundada na separação, o que lhe permitiu reconhecer na política apenas uma forma a mais de espetáculo, mais uma pseudocomunicação — isto é, uma recomposição artificial e subalterna de uma comunicação funcional, servindo à reprodução de conjunto de uma sociedade estruturada pela impessoalidade da produção de mercadorias.

Aqui encontramos, inversamente, uma das mais fortes razões pelas quais sua teoria tem sobrevivido à passagem do tempo. Debord apreendeu uma das contradições fundamentais da sociedade capitalista, aquela de ser, como dizia Kurz, uma socialização sem sociedade. Nesse sentido, sua teoria se dirige efetivamente a uma crítica das categorias fundamentais do capitalismo, notadamente do dinheiro (enquanto mediador do nexo social do indivíduo com a sociedade) e do Estado (enquanto esfera funcional de recomposição de relações diretas), e propõe o espetáculo como desdobramento dessas duas categorias.

A comparação do espetáculo com o dinheiro é apresentada em um trecho de *A sociedade do espetáculo* já previamente citado: "O espetáculo é a outra face do dinheiro: o equivalente geral abstrato de todas as mercadorias" (SdE, §49). Debord tem em mente a definição de dinheiro apresentada por Marx em *O capital*, como fica evidente ao se referir ao dinheiro como "representação da equivalência geral, isto é, do caráter intercambiável dos bens múltiplos cujo uso resta incomparável" (SdE, §49). Ele compreende, portanto, o dinheiro como mercadoria apartada na qual se expressa o valor de troca como representação do valor. Propondo o espetáculo como desdobramento do dinheiro, Debord escreve que "o espetáculo é seu complemento moderno desenvolvido" (SdE, §49). Já tratei anteriormente da compreensão marxiana do dinheiro e de como isso reaparece na teoria do espetáculo.[140] Vale aqui apenas relembrar que, em sua caracterização do dinheiro, Marx destaca o processo de isolamento dos indivíduos "mutuamente indiferentes" (posto que perdem seus laços pessoais) e ao mesmo tempo em "dependência recíproca" (Marx, 2011, p. 157), pois todo trabalho é parcelar e atividade produtora de valor de troca. Em outras palavras, o objetivo do trabalho é, em última instância, ser trocado por dinheiro — "pressuposto elementar da sociedade burguesa" (Marx, 2011, p. 251). E o dinheiro aparece como um objetivo para

---

[140] Ver a seção "Espetáculo, dinheiro e elo social", p. 70.

cada indivíduo isolado, pois é por meio dele que as pessoas podem recobrar sua relação com a sociedade — daí o dinheiro aparecer como "a *comunidade real*" (Marx, 2011, p. 251), fórmula que poderíamos transpor para o espetáculo, ou ainda "seu nexo com a sociedade", que o indivíduo "traz consigo no bolso" (Marx, 2011, p. 157), frase perfeita para descrever a conectividade das redes que cada qual carrega hoje, literalmente, no bolso.

A diferença é que a mediação do dinheiro permanece impessoal, ao passo que o uso das redes digitais restitui a aparência de relações diretas — e, nesse sentido, aparece muito mais imediatamente como comunidade real do que o dinheiro. Aqui é necessário pensar a analogia do espetáculo com a política e o Estado — "A cisão generalizada do espetáculo é inseparável do *Estado moderno*, isto é, da forma geral da cisão na sociedade" (SdE, §24). O absurdo da "socialização sem sociedade" ensejada pela modernidade capitalista não pode se manter sem uma compensação. Se as relações sociais diretas estão ausentes do processo produtivo, elas precisam se recompor em outra instância social, senão a própria sociedade corre risco de dissolução. Essa é, como já mencionado, a função primeira da política, esfera em que as relações diretas se reconstituem para organizar, por meio do Estado (seu espaço institucional), a reprodução de conjunto da sociedade.

O espetáculo tem função análoga. Ele constitui uma segunda esfera de relações sociais que serve de compensação à ausência de relações que funda a sociedade. À medida que o capitalismo expande suas fronteiras, indo em direção à conquista de todo o planeta, o espetáculo se torna ainda mais necessário. Na época do capitalismo plenamente globalizado, vale relembrar uma citação de Debord: "Essa sociedade que suprime a distância geográfica recolhe internamente a distância como separação espetacular" (SdE, §167). Isso significa que essa forma de sociedade, baseada na separação entre aqueles que a produzem, expande-se, mas não se unifica, apenas universaliza a separação, internalizada por toda parte.

Em escala planetária, as relações só podem se restabelecer por intermédio do espetáculo. O espetáculo torna possível ver o que se passa nos mais distintos cantos do globo, lugares estranhos e distantes entre si, mas que partilham um mesmo traço em comum: fazem agora parte do sistema produtor de mercadorias. Atingida essa escala de expansão do capitalismo, a política, embora ainda prioritariamente funcional, não é mais suficiente para oferecer coesão social enquanto instância compensatória de uma socialização sem sociedade. O espetáculo passa a cumprir função central enquanto instância que torna visível as diferentes instâncias e que fornece, portanto, uma imagem de totalidade social — uma falsa totalidade, uma somatória não sintética de partes, mas que logra, todavia, apresentar a aparência de um conjunto social, acalentando os indivíduos concretamente isolados desde a raiz do processo produtivo.

Conforme o capitalismo avança, espalhando seus tentáculos em cadeias produtivas globais e tornando os fluxos entre países uma realidade cotidiana, o espetáculo ganha em funcionalidade como único âmbito capaz de apresentar uma imagem do mundo do capital (de outro modo inteiramente inapreensível) e, ao mesmo tempo, como instância de recomposição da comunicação dos produtores, separados por distâncias cada vez maiores. É, portanto, necessário distinguir o espetáculo em duas dimensões. Por um lado, é uma representação do conjunto da sociedade, ou seja, instância na qual a expansão do capital se objetiva enquanto representação. Por outro, é uma esfera funcional de comunicação, na qual os indivíduos unidos/separados pelo processo produtivo indireto podem reestabelecer um processo comunicativo funcional. Essa dimensão se aprofunda com a globalização — escala que ultrapassa a política —, sendo então possível compreender melhor a necessidade de base que leva ao advento da *world wide web* [rede mundial de computadores]. Se tanto se compara o mundo das redes a "ágoras virtuais", é precisamente porque a internet (parte integrante do espetáculo em sua dimensão funcional) serve, tal qual a política, como recomposição compensatória de relações diretas entre os indivíduos, unidos na separação pela forma mediada de produção capitalista. Se em uma primeira fase o espetáculo era sobretudo a objetivação da relação-capital enquanto imagem a ser contemplada, tornou-se agora esfera funcional de relacionamento entre os indivíduos isolados, cuja funcionalidade para a reprodução de conjunto do capitalismo global é colocada à prova em momentos de crise.[141]

ESPETÁCULO INTEGRADO E VIVIDO APARENTE

O conceito de vivido aparente, tratado apenas brevemente por Debord, merece, sem dúvida, ser revisitado e desdobrado, para que possamos compreender melhor o presente. Com ele, Debord designa a função social das celebridades, as quais encenam um vivido cotidiano desejável por todos, livre da obrigação do trabalho e com os meios para consumir sem entraves. A vida das celebridades representada no espetáculo é, portanto, uma forma específica de mercadoria, essa que Debord chama de vivido aparente, pois o que coloca à disposição dos consumidores é a possibilidade de gozar imaginariamente de uma vida livre. O consumo espetacular vem compensar o empobrecimento do vivido real, esvaziado pela expropriação do tempo no trabalho produtor de mercadorias. A especialização do vivido aparente é, assim, a consequência do vivido inconsciente de uma sociedade do-

---

[141] É o que vimos, notadamente, durante a crise de covid-19, que paralisou a economia em escala mundial e reduziu as relações sociais à mediação necessária da imagem; ver o ensaio coletivo que escrevi com Anselm Jappe, Clément Homs e Sandrine Aumercier, *Capitalismo em quarentena: notas sobre a crise global* (Jappe et al., 2020).

minada pela pseudonecessidade da reprodução econômica. Ele está decerto ligado à separação da representação também em sua dimensão específica, isto é, no fato de que o vivido real não possui meios para se representar e permanece "sem linguagem" (SdE, §157). Assim, se no espetáculo há uma expropriação temporal que compõe um tempo reificado distinto do tempo enquanto "alienação necessária", o mesmo pode ser dito da linguagem, a representação sendo sempre uma instância externa ao sujeito, na qual ele pode ou não se reconhecer. Para Debord, como visto, o espetáculo propõe aos seus sujeitos apenas a falsa ilusão do encontro, incapaz de proporcionar reconhecimento efetivo na ausência de uma verdadeira comunicação.

Essas afirmações propostas em 1967 repousavam, todavia, na apreensão de uma realidade, em sua dimensão empírica, parcialmente distinta da nossa. O espetáculo do qual falava Debord era ainda prioritariamente um sistema de transmissão de conteúdo, concentrado em poucos grandes produtores, e que podia apenas ser consumido passivamente. Quando fala da ausência de meios para representar o vivido, do consumo passivo do vivido aparente, ou mesmo de uma ausência de comunicação, de um "diálogo sem resposta", Debord tem em mente uma forma de produção e difusão de imagens característica do sistema de *broadcasting*, em parte tornada obsoleta com o advento da internet e das novas tecnologias digitais. Para a compreensão da realidade atual, na qual tudo pode ser a todo momento filmado e difundido por qualquer um, a oposição estanque entre realidade e representação — ou ainda entre contemplação e ação — parece insuficiente. Mais interessante é o conceito de espetáculo integrado, avançado em 1988, propondo a superação dessa separação pela integração entre realidade e representação — não como reconciliação entre representação e realidade, mas como adequação (frequentemente absurda) da realidade à representação.

Mas uma tal integração da realidade à representação significaria que o conceito de separação se tornou obsoleto? De modo algum. Como disse, a separação está na raiz da socialização capitalista enquanto integração dos indivíduos por vias indiretas. Se o desenvolvimento do capitalismo implica, por um lado, a incorporação de um número cada vez maior de pessoas a uma mesma forma de socialização, por outro, essa mesma forma de socialização repousa, inversamente, na separação cada vez maior entre os indivíduos, não somente porque o capitalismo leva à especialização crescente na relação com a natureza — incluindo a racionalização e a separação das tarefas produtivas —, mas sobretudo porque a relação entre as pessoas é necessariamente dependente e mediada pelo mecanismo do mercado — em sua origem e em seu fim, como produção e como consumo. Quaisquer que sejam seus novos dispositivos, a sociedade do espetáculo não cessa de ser o desdobramento lógico dessa forma de socialização. Se antes o espetáculo, em sua dimensão restrita, aparecia mais evidentemente atrelado à esfera da circulação e do consumo, agora cumpre também função de mediação nas relações produtivas, como nas relações do mercado de trabalho (em que o recrutamento digital é cada vez mais importante), na comunicação do processo produtivo espraiado em escala global (com os sistemas de *supply chains*), além de ser um dispositivo auxiliar para a circulação de mercadorias, não apenas como "imagem do consumo" (SdE, §153) mas concentrando efetivamente uma fatia crescente das atividades comerciais (mostrando-se mesmo capaz de abocanhar a quase totalidade desse setor, como visto na crise de covid-19).

A adequação da realidade à representação espetacular pode ser compreendida também como o desdobramento lógico da separação presente no interior da própria mercadoria, aquela conhecida oposição entre o valor de uso e o valor de troca. Que o valor de uso seja apenas o apoio necessário para o valor de troca, verdadeiro *condottiere* da mercadoria, já deveria ser o suficiente para fazer compreender por que, à medida que o mundo se torna, ele todo, uma mercadoria, toda a realidade concreta passa a ser transformada segundo o imperativo abstrato da acumulação do valor. O valor é um conceito abstrato de riqueza que não coincide com a riqueza material concreta. Crises de superprodução são prova disso, como o é também o empobrecimento da qualidade material das mercadorias que resulta do "progresso" do capitalismo (e que reside como verdade parcial na memória popular de que as coisas já não são feitas como antigamente). Essa contradição se torna mais aguda quando entra em crise o valor de troca, fenômeno que se anuncia de modo mais claro precisamente nos anos 1980,[142] quando Debord escreve seus *Comentários*.

Em suma, as separações fundamentais que estruturam a sociedade capitalista permanecem intocadas, e o espetáculo apenas acresce sua função de instância mediadora das relações sociais. Aqui é possível, contudo, fazer uma distinção. O espetáculo pode ser compreendido como desdobramento do mecanismo de mercado, instância mediadora das relações econômicas indiretas de produção e consumo de mercadorias. Mas pode também, no sentido apontado previamente, ser compreendido como o prolongamento da política por outras vias, ou seja, como instância de recomposição de relações "diretas" entre os indivíduos separados pelo processo produtivo, e que permanece uma necessidade funcional da organização da sociedade em seu conjunto. Essa dupla função do espetáculo podia apenas ser intuída como tendência. Não à toa, ao tratar precisamente do vivido aparente, Debord já apontava uma relação entre política e vedetismo, instâncias que concebia, contudo, como efetivamente distintas. Por isso, falava do poder governamental como capaz de se apresentar em "pseudo-

---

[142] Ver, a esse propósito, *A crise do valor de troca* (Kurz, 2018 [1986]), escrito em 1986 para o primeiro número da revista *Marxistische Kritik*.

vedete", e das celebridades como capazes de se fazer eleger em "pseudopoder" sobre o vivido (SdE, §60). Isso porque correspondiam a esferas funcionais ainda completamente apartadas. O tempo levou ao embaralhamento dessas esferas, justamente por conta da expansão do espetáculo e de suas funções mediadoras — política e vedetismo podem, agora, coincidir.

Essa expansão do espetáculo abarca também, e sobretudo, o vivido individual, produzindo uma "revolução da vida cotidiana" totalmente oposta àquela almejada pelos situacionistas. Com a disseminação massiva dos meios de produção e difusão de imagens, o vivido individual pode ser representado a todo momento. Longe de estar desprovido de linguagem, como outrora, está agora sobrecarregado de linguagem, mas de uma linguagem empobrecida, rigidamente codificada e pré-formatada. Mais uma vez na contraditória história do esclarecimento, o progresso técnico reverte-se em perda de liberdade. A redução da linguagem à sua função puramente instrumental, já denunciada pelos frankfurtianos, chegou ao paroxismo dos 140 caracteres de um tuíte, que pode exprimir tanto os afetos e desejos dos indivíduos comuns quanto as decisões políticas dos líderes das maiores nações.

É nesse contexto que o conceito de vivido aparente deve ser reencontrado e ampliado. Na sociedade contemporânea, o vivido aparente deixou de ser uma condição da vedete, tornando-se condição de todos. Ele faz parte do ser sujeito no capitalismo espetacular e determina sua integração em diferentes instâncias de socialização. O vivido aparente pode se revelar então uma categoria objetiva útil para se apreender as formas de consciência invertidas do capitalismo atual. Constante externalização de um ideal de eu que, por sua vez, é já codificado de fora pela socialização precoce, pode ser um caminho a mais para se compreender a relação entre inconsciente psíquico e inconsciente social. Nesse sentido ainda, a projeção narcísica que se efetiva em imagem pode manifestar a verdade da forma-sujeito como produto da forma-valor. A autopromoção de si nas redes sociais — para ganhar *likes*, patrocínios ou cargos públicos — encerra talvez uma verdade mais profunda. Como poderia ter dito Debord, o tornar-se mercadoria do sujeito é também o tornar-se sujeito da mercadoria.

Aqui, porém, começamos a adentrar questões de um tempo presente, o nosso tempo, que não podem ser diretamente respondidas pela teoria de Debord. Não, ao menos, sem que se extrapole seus conceitos no sentido que a atualidade exige (como outrora o próprio Debord fez com Marx). Ao fazê-lo, já não estaríamos esclarecendo o pensamento de Debord, e sim começando a forjar um novo pensamento — umbral que ameaçamos atravessar em mais de um momento, mas que excede os propósitos deste livro e que deve, portanto, permanecer como tarefa por vir.

Referências

TEXTOS DE GUY DEBORD

DEBORD, Guy. *A sociedade do espetáculo*. Trad. Estela dos Santos Abreu. Rio de Janeiro: Contraponto, 1997.

DEBORD, Guy. *Correspondance, v. 1, Juin 1957-août 1960*. Paris: A. Fayard, 1999.

DEBORD, Guy. *Correspondance, v. 2, Septembre 1960-décembre 1964*. Paris: A. Fayard, 2001.

DEBORD, Guy. *Correspondance, v. 5, Janvier 1973-décembre 1978*. Paris: A. Fayard, 2005.

DEBORD, Guy. "Rapport sur la construction des situations et sur les conditions de l'organisation et de l'action de la tendance situationniste internationale". In: *Œuvres*. Org. Jean-Louis Rançon. Paris: Gallimard, 2006 [1957].

DEBORD, Guy. *Sur le passage de quelques personnes à travers une assez courte unité de temps* [roteiro cinematográfico]. In: *Œuvres*. Org. J.-L. Rançon. Paris: Gallimard, 2006 [1959].

DEBORD, Guy. *Pour un jugement révolutionnaire de l'art*. In: *Œuvres*. Org. J.-L. Rançon. Paris: Gallimard, 2006 [1961].

DEBORD, Guy. *La société du spectacle*. In: *Œuvres*. Org. J.-L. Rançon. Paris: Gallimard, 2006 [1967].

DEBORD, Guy. *La société du spectacle* [versão cinematográfica]. In: *Œuvres*. Org. J.-L. Rançon. Paris: Gallimard, 2006 [1973].

DEBORD, Guy. *Préface à la quatrième édition italienne de La société du spectacle*. In: *Œuvres*. Org. J.-L. Rançon. Paris: Gallimard, 2006 [1979].

DEBORD, Guy. "Abat-faim". *In: Œuvres*. Org. J.-L. Rançon. Paris: Gallimard, 2006 [1985].

DEBORD, Guy. *Commentaires sur La société du spectacle*. *In: Œuvres*. Org. J.-L. Rançon. Paris: Gallimard, 2006 [1988].

DEBORD, Guy. *Cette mauvaise réputation...* In: *Œuvres*. Org. J.-L. Rançon. Paris: Gallimard, 2006 [1993].

DEBORD, Guy. *Enregistrements magnétiques (1952-1961)*. Org. J.-L. Rançon. Paris: Gallimard, 2010.

DEBORD, Guy. *Poésie, etc.* Organizado por Laurence Le Bras, posfácio por Gabriel Zacarias. Paris: L'Échappée, 2019.

DEBORD, Guy & CANJUERS, Pierre. "Préliminaires pour une définition de l'unité du programme révolutionnaire". *In: Œuvres*. Org. J.-L. Rançon. Paris: Gallimard, 2006 [1960].

DEBORD, Guy & WOLMAN, Gil. "Mode d'emploi du détournement". *In: Œuvres*. Org. J.-L. Rançon. Paris: Gallimard, 2006 [1956].

TEXTOS DE GUY DEBORD PUBLICADOS NA REVISTA *INTERNATIONALE SITUATIONNISTE*

DEBORD, Guy. "Thèses sur la révolution culturelle", *Internationale Situationniste*, n. 1, p. 20-1, jun. 1958.

DEBORD, Guy. "À propos de quelques erreurs d'interprétation", *Internationale Situationniste*, n. 4, p. 30-3, jun. 1960.

DEBORD, Guy. "Perspectives de modification conscientes de la vie quotidienne", *Internationale Situationniste*, n. 6, p. 20-7, ago. 1961.

DEBORD, Guy; KOTÁNYI, Attila & VANEIGEM, Raoul. "Sur la Commune", *Internationale Situationniste*, n. 12, p. 109-11, set. 1969 [1962]. [Ed. bras.: DEBORD, Guy; KOTÁNYI, Attila & VANEIGEM, Raoul. "Teses sobre a Comuna" (1962), trad. Gabriel Zacarias, *Revista Mouro — Revista de Estudos Marxistas*, v. 5, n. 8, p. 120-7, dez. 2013 (Dossiê Jornadas de Junho).]

TEXTOS NÃO ASSINADOS DA REVISTA
INTERNATIONALE SITUATIONNISTE

"Problèmes préliminaires à la construction d'une situation", *Internationale Situationniste*, n. 1, p. 11-3, jun. 1958.

"Le sens du dépérissement dans l'art", *Internationale Situationniste*, n. 3, p. 3-8, dez. 1959.

"Les mauvais jours finiront", *Internationale Situationniste*, n. 7, p. 10, abr. 1962.

"Le mois les plus longs", *Internationale Situationniste*, n. 9, p. 30-7, ago. 1964.

"Aux poubelles de l'histoire!", *Internationale Situationniste*, n. 12, p. 108, set. 1969 (1963).

OUTROS TEXTOS DA REVISTA
INTERNATIONALE SITUATIONNISTE

KHAYATI, Mustapha. "Les mots captifs (préface à un dictionnaire situationniste)", *Internationale Situationniste*, n. 10, p. 50-5, mar. 1966.

VANEIGEM, Raoul & KOTÁNYI, Attila. "Programme élémentaire du bureau d'urbanisme unitaire", *Internationale Situationniste*, n. 6, p. 16-9, ago. 1961.

REFERÊNCIAS GERAIS

ADORNO, Theodor W. "Culture and Administration". *In*: ADORNO, Theodor W. *The Culture Industry: Selected Essays on Mass Culture*. Londres/Nova York: Routledge, 1991 [1960]. [Ed. bras.: "Cultura e administração". *In*: ADORNO, Theodor W. *Indústria cultural*. Trad. Vinicius Marques Pastorelli. São Paulo: Editora Unesp, 2020.]

ADORNO, Theodor W. *Hegel: Three Studies*. Cambridge: MIT Press, 1993. [Ed. bras.: *Três estudos sobre Hegel*. Trad. Ulisses Razzante Vaccari. São Paulo: Editora Unesp, 2013.]

ADORNO, Theodor W. "Tempo livre". In: ADORNO, Theodor W. *Indústria cultural e sociedade*. Org. e trad. Jorge de Almeida. São Paulo: Paz & Terra, 2006, p. 103-17.

ADORNO, Theodor W. & HORKHEIMER, Max. *Dialética do esclarecimento: fragmentos filosóficos*. Trad. Guido de Almeida. Rio de Janeiro: Jorge Zahar, 1985.

ALTHUSSER, Louis. *Pour Marx*. Paris: F. Maspero, 1965. [Ed. bras.: *Por Marx*. Trad. Maria Leonor F. R. Loureiro. Campinas: Editora Unicamp, 2015.]

AMORÓS, Miguel. *Los situacionistas y la anarquia*. Bilbao: Muturreko Burutazioak, 2008.

ANDERSON, Benedict. *Comunidades imaginadas: reflexões sobre a origem e a difusão do nacionalismo*. Trad. Denise Bottmann. São Paulo: Companhia das Letras, 2008.

ARANTES, Paulo. *Extinção*. São Paulo: Boitempo, 2007.

BARTHES, Roland. *Mythologies*. Paris: Éditions du Seuil, 1957. [Ed. bras.: *Mitologias*. Trad. Rita Buongermino e Pedro de Souza. Rio de Janeiro: Bertrand Brasil, 2001.]

BADIOU, Alain. *A hipótese comunista*. Trad. Mariana Echalar. São Paulo: Boitempo, 2012.

BENJAMIN, Walter. *Obras escolhidas*, v. 1, *Magia e técnica, arte e política: ensaios sobre literatura e história da cultura*. Trad. Sérgio Paulo Rouanet. São Paulo: Brasiliense, 1994.

BLANCHARD, Daniel. *Debord dans le bruit de la cataracte du temps*. Paris: Sens & Tonka, 2005.

BUNYARD, Tom. *Debord, Time and Spectacle: Hegelian Marxism and Situationist Theory*. Leiden/Boston: Brill, 2018.

CRARY, Jonathan. *24/7: capitalismo tardio e os fins do sono*. Trad. Joaquim Toledo Jr. São Paulo: Ubu, 2016.

DANTO, Arthur. *What Art Is*. New Haven/Londres: Yale University Press, 2013.

FREUD, Sigmund. *Le rêve et son interprétation*. Trad. Hélène Legros. Paris: Gallimard, 1925. [Ed. bras.: *A interpretação dos sonhos*. Trad. Paulo César de Souza. São Paulo: Companhia das Letras, 2019.]

FREUD, Sigmund. *Cinq leçons sur la psychanalyse, suivi de Contribution à l'histoire du mouvement psychanalytique*. Paris: Payot, 1966. [Ed. bras.: *Observações sobre um caso de neurose obsessiva ("O homem dos ratos"), Uma recordação de infância de Leonardo da Vinci e outros textos*. Trad. Paulo César de Souza. São Paulo: Companhia das Letras, 2013.]

FREUD, Sigmund. *Essais de psychanalyse*. Paris: Payot, 1982.

GABEL, Joseph. *La fausse conscience: Essai sur la réification*. Paris: Éditions de Minuit, 1962. [Ed. port.: *A falsa consciência: ensaio sobre a reificação*. Lisboa: Guimarães Editores, 1979.]

GOTTRAUX, Philippe. *"Socialisme ou Barbarie": Un engagement politique et intellectuel dans la France de l'après-guerre*. Lausanne: Payot, 1997.

GRUPO KRISIS. *Manifesto contra o trabalho*. Trad. Heinz Dieter Heide Mann. São Paulo: Conrad, 2003 [1999].

HABERMAS, Jürgen. *O discurso filosófico da modernidade*. Trad. L. Repa & R. Nascimento. São Paulo: Martins Fontes, 2002.

HEGEL, Georg Wilhelm Friedrich. *Curso de estética: o belo na arte*. Trad. Álvaro Ribeiro & Orlando Vitorino. São Paulo: WMF Martins Fontes, 2009.

HEMMENS, Alastair. *The Critique of Work in Modern French Thought: From Charles Fourier to Guy Debord*. Londres: Palgrave, 2018.

HEMMENS, Alastair & ZACARIAS, Gabriel. *The Situationist International: A Critical Handbook*. Londres/Nova York: Pluto Press, 2020.

HORKHEIMER, Max. *Eclipse da razão*. Trad. Carlos Henrique Pissardo. São Paulo: Editora Unesp, 2016.

JAPPE, Anselm. *As aventuras da mercadoria: para uma nova crítica do valor*. Trad. José Miranda Justo. Lisboa: Antígona, 2006.

JAPPE, Anselm. *Guy Debord*. Trad. Iraci Poleti & Carla Pereira. Lisboa: Antígona, 2008 [1993].

JAPPE, Anselm. *Crédito à morte: a decomposição do capitalismo e suas críticas*. Trad. Robson J. F. de Oliveira. São Paulo: Hedra, 2013.

JAPPE, Anselm; AUMERCIER, Sandrie; HOMS, Clément & ZACARIAS, Gabriel. *Capitalismo em quarentena: notas sobre a crise global*. São Paulo: Elefante, 2020.

JAPPE, Anselm. *A sociedade autofágica: capitalismo, desmesura e autodestruição*. Trad. Júlio Henriques. São Paulo: Elefante, 2021.

KOSELLECK, Reinhart. *Futuro passado: contribuição à semântica dos tempos históricos*. Trad. Wilma Patrícia Maas & Carlos Almeida Pereira. Rio de Janeiro: Contraponto/Editora PUC-Rio, 2006.

KURZ, Robert. *O colapso da modernização: da derrocada do socialismo de caserna à crise da economia mundial*. Trad. Karen Elsabe Barbosa. São Paulo: Paz & Terra, 1992.

KURZ, Robert. *Razão sangrenta: ensaio sobre a crítica emancipatória da modernidade capitalista e de seus valores ocidentais*. São Paulo: Hedra, 2010.

KURZ, Robert. *A crise do valor de troca*. Trad. André Gomez & Marcos Barreira. Rio de Janeiro: Consequência, 2018 [1986].

KURZ, Robert. *Impérialisme d'exclusion et état d'exception*. Trad. Stéphane Besson. Paris: Divergences, 2018.

LASCH, Christopher. *The Culture of Narcissism*. Nova York: Warner, 1979. [Ed. bras.: *A cultura do narcisismo*. Trad. Ernani Pavaneli Moura. Rio de Janeiro: Imago, 1983.]

LE BRAS, Laurence & GUY, Emmanuel (orgs.). *Lire Debord*. Paris: L'Échappée, 2016.

LEFEBVRE, Henri. *L'existentialisme*. Paris: Editions du Sagittaire, 1946.

LEFEBVRE, Henri. *Problèmes actuels du marxisme*. Paris: Presses Universitaires de France, 1958.

LEFEBVRE, Henri. *La somme et le reste*, 2 v. Paris: La Nef de Paris, 1959.

LEFEBVRE, Henri. *Critique de la vie quotidienne*, t. 2: *Fondements d'une sociologie de la quotidienneté*. Paris: L'Arche, 1961.

LEFEBVRE, Henri. *La proclamation de la Commune*. Paris: Gallimard, 1965.

LEFEBVRE, Henri. *Le langage et la société*. Paris: Presses Universitaires de France, 1966a.

LEFEBVRE, Henri. *Sociologie de Marx*. Paris: Gallimard, 1966b.

LEFEBVRE, Henri. *Les temps des méprises*. Paris: Stock, 1975.

LEFEBVRE, Henri. *Vers un romantisme révolutionnaire*. Apresentação de Rémi Hess. Paris: Nouvelles Éditions Lignes, 2011 [1957].

LUKÁCS, György. *História e consciência de classe: estudos de dialética marxista*. Trad. Rodnei Nascimento. São Paulo: Martins Fontes, 2003.

LÖWY, Michael & SAYRE, Robert. *Revolta e melancolia: o romantismo na contracorrente da modernidade*. Trad. Nair Fonseca. São Paulo: Boitempo, 2015.

LÖWY, Michael. "O romantismo *noir* de Guy Debord". *In*: LÖWY, Michael. *A estrela da manhã: surrealismo e marxismo*. São Paulo: Boitempo, 2018.

MARCOLINI, Patrick. *Le mouvement situationniste: Une histoire intellectuelle*. Paris: L'Échappée, 2012.

MARCUSE, Herbert. *Eros et civilisation: Contribution à Freud*. Paris: Minuit, 1963. [Ed. bras.: *Eros e civilização: uma interpretação filosófica do pensamento de Freud*. Rio de Janeiro: Zahar, 1981.]

MARCUSE, Herbert. *L'Homme unidimensionnel: Essai sur l'idéologie de la société industrielle avancée*. Paris: Minuit, 1968. [Ed. bras.: *O homem unidimensional: estudos da ideologia da sociedade industrial avançada*. São Paulo: Edipro, 2015.]

MARX, Karl. *Manuscrits de 1844: Économie politique et philosophie*. Apresentação, tradução e notas de Émile Bottigelli. Paris: Les Éditions Sociales, 1962. Versão digital por Jean-Marie Tremblay. Chicoutimi: Université du Quebec à Chicoutimi, 2001. [Ed. bras.: *Manuscritos econômico-filosóficos*. Tradução, apresentação e notas de Jesus Ranieri. São Paulo: Boitempo, 2004.]

MARX, Karl. *O capital: crítica da economia política*, livro I, *O processo de produção do capital*. Trad. Rubens Enderle. São Paulo: Boitempo, 2013.

MARX, Karl. *Grundrisse: manuscritos econômicos de 1857-58 — esboços da crítica da economia política*. Trad. Mario Duayer & Nélio Schneider. São Paulo/Rio de Janeiro: Boitempo/Editora da UFRJ, 2011.

MORIN, Edgar. *Les stars*. Paris: Éditions du Seuil, 1972.

POSTONE, Moishe. *Tempo, trabalho e dominação social: uma reinterpretação da teoria crítica de Marx*. Trad. Paulo Cezar Castanheira e Amilton Reis. São Paulo: Boitempo, 2014.

RANCIÈRE, Jacques. *O espectador emancipado*. Trad. Ivone Benedetti. São Paulo: WMF Martins Fontes, 2012.

ROGOZINSKI, Jacob & VANNI, Michel (orgs.). *Dérives pour Guy Debord*. Paris: Van Dieren Éditeur, 2010.

ROUDINESCO, Elizabeth. *Histoire de la psychanalyse en France*, v. 2, 1925-1985. Paris: Fayard, 1994.

SANGUINETTI, Gianfranco. *Del Terrorismo e dello Stato: La Teoria e la Pratica del Terrorismo per la Prima Volta Divulgate*. Milão: Sanguinetti, 1979.

SEMPRUN, Jorge. "Économie politique et philosophie dans les 'Grundrisse' du Marx", *L'homme et la société*, n. 7, p. 57-68, 1968.

THOMPSON, Edward Palmer. *Costumes em comum: estudos sobre a cultura popular tradicional*. Trad. Rosaura Eichemberg. São Paulo: Companhia das Letras, 2005.

VANEIGEM, Raoul. *Traité de savoir vivre à l'usage de jeunes générations*. Paris: Gallimard, 1967. [Ed. bras.: *A arte de viver para as novas gerações*. Trad. Leo Vinicius. São Paulo: Conrad, 2002.]

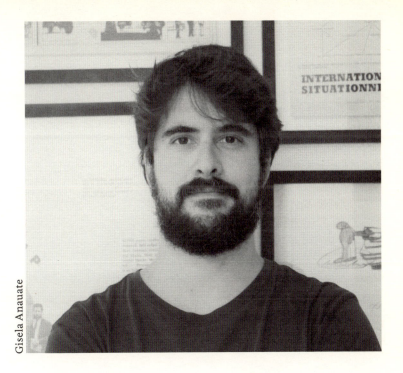

Gisela Anauate

GABRIEL FERREIRA ZACARIAS é professor de história da arte na Universidade Estadual de Campinas (Unicamp) e pesquisador do programa Capes-Humboldt, na Universidade de Hamburgo. Na França, passou pela École des Hautes Études en Sciences Sociales e pelas universidades de Perpignan, Estrasburgo e Paris X. Esteve entre os primeiros a estudar os arquivos de Guy Debord na Biblioteca Nacional da França e hoje é uma das principais referências nos estudos sobre o movimento situacionista. Apresentou a coletânea de notas inéditas de Debord, *Poésie, etc.* (L'échappée, 2019), e coorganizou, com Alastair Hemmens, o livro *The Situationist International: A Critical Handbook* (Pluto Press, 2020). Pela Elefante, publicou *No espelho do terror: jihad e espetáculo* (2018) e, como coautor, *Capitalismo em quarentena: notas sobre a crise global* (2020).

COLEÇÃO
— CRISE & CRÍTICA —

Crise econômica, crise ecológica, crise da democracia, crise sanitária, crise da representação, crise do patriarcado, crise do sujeito... Em todas as partes do globo unificado pelo capitalismo, as sociedades sobrevivem em meio a uma imensa acumulação de crises. A coleção Crise & Crítica, publicada pela Editora Elefante, com curadoria de Gabriel Zacarias, apresenta reflexões críticas para a época do capitalismo de crise.

TÍTULOS PUBLICADOS

Capitalismo em quarentena: notas sobre a crise global
Anselm Jappe, Sandrine Aumercier,
Clément Homs & Gabriel Zacarias

*A sociedade autofágica: capitalismo,
desmesura e autodestruição*
Anselm Jappe

[cc] Editora Elefante, 2022
[cc] Gabriel Ferreira Zacarias, 2022

Esta obra pode ser livremente compartilhada, copiada, distribuída e transmitida, desde que as autorias sejam citadas e não se faça qualquer tipo de uso comercial ou institucional de seu conteúdo.

Primeira edição, abril de 2022
São Paulo, Brasil

Dados Internacionais de Catalogação na Publicação (CIP)
Angélica Ilacqua CRB-8/7057

Zacarias, Gabriel Ferreira
Crítica do espetáculo: o pensamento radical
de Guy Debord / Gabriel Ferreira Zacarias.
São Paulo: Elefante, 2022.
256 p. (Crise & Crítica)

ISBN 978-65-87235-69-1

1. Debord, Guy, 1931-1994 2. Marxismo I. Título.

22-1439   CDD 335.43

Índices para catálogo sistemático:
1. Debord, Guy, 1931-1994

EDITORA ELEFANTE
editoraelefante.com.br
editoraelefante@gmail.com
fb.com/editoraelefante
@editoraelefante

Sol Elster [comercial]
Samanta Marinho [financeiro]
Isadora Attab [redes]
Camila Yoshida [mídia]

FONTES Feijoa, Silva & Wedding Gothic ATF
PAPEL Ivory Cold 65g/m² & Supremo 250g/m²
IMPRESSÃO BMF Gráfica